给年轻女性主义者的二十二封信

LETTERS TO A YOUNG FEMINIST

Phyllis Chesler

[美] 菲利斯·切斯勒 —— 著

汪丽 —— 译

北京联合出版公司
Beijing United Publishing Co.,Ltd.

图书在版编目（CIP）数据

给年轻女性主义者的二十二封信 /（美）菲利斯·切斯勒著；汪丽译. -- 北京：北京联合出版公司，2023.10
ISBN 978-7-5596-6877-6

Ⅰ.①给… Ⅱ.①菲… ②汪… Ⅲ.①妇女问题—文集 Ⅳ.①C913.68-53

中国国家版本馆CIP数据核字（2023）第089728号

LETTERS TO A YOUNG FEMINIST by PHYLLIS CHESLER
Copyright © 1997 BY PHYLLIS CHESLER
This edition arranged with SUSAN SCHULMAN LITERARY AGENCY, LLC through BIG APPLE AGENCY, LABUAN, MALAYSIA.

Simplified Chinese edition copyright © 2023 by Beijing United Publishing Co., Ltd.
All rights reserved.
本作品中文简体字版权由北京联合出版有限责任公司所有

给年轻女性主义者的二十二封信

[美] 菲利斯·切斯勒（Phyllis Chesler） 著
汪丽 译

出品人：赵红仕
出版监制：刘 凯　赵鑫玮
选题策划：联合低音
策划编辑：刘苗苗
责任编辑：刘苗苗
封面设计：尚燕平
内文排版：薛丹阳

关注联合低音

北京联合出版公司出版
（北京市西城区德外大街83号楼9层　100088）
北京联合天畅文化传播公司发行
北京美图印务有限公司印刷　新华书店经销
字数122千字　880毫米×1230毫米　1/32　8.25印张
2023年10月第1版　2023年10月第1次印刷
ISBN 978-7-5596-6877-6
定价：68.00元

版权所有，侵权必究
未经书面许可，不得以任何方式转载、复制、翻印本书部分或全部内容。
本书若有质量问题，请与本公司图书销售中心联系调换。电话：（010）64258472-800

谨将本书献给我最亲密的友人默尔·霍夫曼，感谢她在我患病期间给予我的关爱、照料和智性支持，是她陪伴我熬过了对抗这种可怕疾病的六年时光。

致 谢

我十分感谢"室有八窗"出版公司（Four Walls Eight Windows）的以下工作人员：凯瑟琳·贝尔登、约翰·G. H. 奥克斯以及吉尔·埃琳·赖利，感谢他们给我提出的创造性的建议和有远见的出版视野。我要特别感谢我的见习助理和第一位读者——桑达·巴拉班，感谢她一直陪伴在我身边，并不时给予我极具文学性的修改意见。我要感谢我的助理及以前的学生达琳·道林，谢谢她一直以来的坚定支持和专注奉献。感谢我的律师苏珊·L. 本德为我提供的难能可贵又充满温情的服务。我的书目档案都收藏在杜克大学珀金斯图书馆的特藏部，感谢金尼·达利和那里的所有工作人员，感谢他们在书目收录方面的专业。我要感谢我的儿子阿里尔·大卫·切斯勒，不管是出于对女性主义或是我的关心，他对本书的写作都很感兴趣。我还要感谢我的针灸师海伦妮·科斯特雷、我的脊椎按摩师哈维·罗塞尔、我的牙医迈克尔·伊奥特以及内科医师大卫·齐默尔曼、苏珊·莱文，感谢他们一直以来的细心治疗和帮助，从而能使我的免疫系统得以维持正常的运行。

目录
Contents

001 第一封信
你的遗产

015 第二封信
女性主义者之思

023 第三封信
我在美国作为一个女孩的生活

035 第四封信
在"后"女性主义时代如何培养强大的自我

049 第五封信
文学正典

059 第六封信
深切的同情悲悯

065 第七封信
开创历史

083 第八封信
关于姐妹情谊的女性主义神话

099 第九封信
自爱与团队精神

107 第十封信
有原则,不从众

129 第十一封信
我们需要一块女性主义大陆

137 第十二封信
"能有所改变的爱就不是真爱"

141 第十三封信
性与人性

149 第十四封信
"决定女性命运的既非教会
也非国家,而是她们自己"

161 第十五封信
母职的喜悦

169 第十六封信
现代的"成家"

177 第十七封信
婚姻：关于思想的博弈与角色的选择

185 第十八封信
女性的神游状态

195 第十九封信
边界

205 第二十封信
讲述

217 第二十一封信
经济独立

225 第二十二封信
致一位年轻女性主义者
——他恰巧是位男性，又碰巧是我儿子

233 参考书目

第一封信

你的遗产

Letter One

我坐在这儿，埋头给你写一封亲切的信。虽然我不知你名姓，但我能感觉到你的存在。我想象着，你是位年轻的女性，或是位年轻的男性。你的年纪，大约在十八岁到三十五岁之间，但也可能在这区间上下浮动十岁。也有可能，你还没有出生。

　　也许，我是想说给年轻时的自己听。在我长大成年时——这一过程还远未结束——从来没有人以慈爱的口吻给我讲过一些有用的人生道理。像你这般大时，我都不知道自己需要知道些什么才能理解我的生活——或是任何人的生活。或许，通过写信给你，我希望自己能纠正过往，有所改进。

　　从前，尼科洛·马基雅维利给一位君主写过类似的信[1]，孙子给一位君王写过信[2]，弗吉尼亚·伍尔夫给一位绅士去过信[3]，赖纳·马利亚·里尔克也给他的一位男性崇慕者写过信[4]。这封信是为你而写。你也许贫

1　指《君主论》。——译者注（本书注释如无特别说明均为译者注）
2　指《孙子兵法》。
3　指《三枚金币》。
4　指《给青年诗人的信》。

穷，也许富有；你的肤色，可以是如彩虹般多彩的人类肤色中的任何一种，或是囊括了其中所有颜色，带着参差有别的运气和个性。你是我的继承人。所以，这封信是你的遗产。除非你自觉地去干预和行动，否则，这份遗产也许会再次沉睡百年，或是更久。

我想，你是个想知道恶为什么存在的人。人们作恶，是因为我们这些好人不去阻止他们。援引埃德蒙·伯克[1]的话来说："恶势力想在这个世界上胜出，所需要的只是足够多的好人不去作为。"啊，伯克，当好女人[2]不作为时，恶也会大获全胜。

父权制不单单应由男性负责；女性也是其心甘情愿，甚至更为热心的同谋。

也许，你相信自己能够"拥有一切"：傲人的事业，相伴终身的美满婚姻，健康的孩子们或是选择丁克，足够的钱财，还有幸福。如果你和曾经的我一样，也许你会以为，过去发生在女性身上，或至今仍发生在"其他"女性身上的种种糟糕可怕之事，都不会发生在你身上。

---

1 英国政论家、美学家。
2 作者此处玩了个文字游戏，英文中 men 可泛指人，也可单指男人，这句话里的"好女人"（good women）援引前文伯克句中的"好人"（good men）。

亲爱的，我不想把你吓跑，但我也不想浪费你的时间，所以，我不能仅仅因为你我都希望如此，就假装男女平等已是事实。

哪怕男人和女人做同一件事，其意义也不尽相同。换尿布的父亲常常被视为英雄，但母亲这样做时却不会被同等看待，毕竟，她只是做了她应尽的本分。然而反过来，情况又并非如此：在男人的世界中取得成功的女人——尽管人们不期望她这样做——很少被当作获胜的英雄。更多时候，她都被看作一个凶猛好斗的婊子。她可能是有些争强好斗，但不会比她的男同事更好斗。有些女性试图表现得比她们的男同事还要强硬、反女性，以证明自身的价值。也有些女性被迫以"女性化"或"母性化"的方式行事，只为安抚那些如果她们不这样做，就认为她们越界太甚而惩罚她们的人。

因此，女性和她的男同行做法不同，首席女法官会自己冲咖啡，女警官可能不会利用她的职场所学阻止丈夫对她施暴——无论她在职场学到的是什么，都不能僭越她一生所学：如何身为一个女人。人们仍期待着女员工为公司聚会置办礼物、拿取外套、烘焙点心，或是照看雇主的孩子，而不是她的男同事。很难说这是集体强暴，但这分明是性别歧视。

是的，今日的世界，已和我像你这般大时的世界很不同了。仅三十年间，一种有远见的女性主义，就算没能变革世界意识，也已然成功地大大挑战了这一意识。宇航员、军官、部长、首相和议员中有了女性，也出现了一些女性研究项目。打开报纸，你总能读到某个男人因强奸或性骚扰受审的消息。但真相是，女性还远未获得自由。我们现在甚至都还没进入可以攻打目标的范围内。

原教旨主义式的狂热正威胁着要摧毁女性主义取得的成就。我脑海中立即闪现出三个例子：

首先，堕胎权仍然遭到越来越猛烈的血腥围攻。

其次，尽管现在我们都了解，强奸是种有持久不良后果的传染病，但我们仍然无法阻止它传播。在今天的阿尔及利亚、孟加拉国、波斯尼亚、危地马拉、海地、卢旺达，强奸已不仅仅是一种战争的奖赏，它还变成了一种系统的、发展完备的武器。在种族清洗的时代，强奸是一种性别清洗。

最后，我们仍然是被隔离且不平等的——既被种族隔离又被性别隔离。在二十世纪五六十年代，年幼而勇敢的非裔美国学童融入之前全是白人的学校时，要面对的是大人们因愤怒、谩骂、不屑理会、满心仇恨而扭曲的面孔。今天，年轻而勇敢的女性试图融入历来只招收男性的军校时，也面临着类似的愤怒和危险。仅以南卡罗来纳州的要塞军校[1]为例。

1995年，十九岁的香农·福克纳成为这所曾经的全男子军校招收的首位女性，她独自英勇地面对仇恨；几周后，她（和许多年轻男性）辍学离开。1996年9月，四名女性被要塞军校录取。到了12月，两名女性——金·梅瑟和珍妮·门塔夫洛斯——及其他七十五名男性退了学。虽然一年级新生都会经历施虐仪式般的捉弄和骚扰，但这些女学员会被单独挑出来。除了新学员要饱受的捉弄外，她们还要面对关于手淫的粗俗歌曲、淫秽色情图片、带有性意味的身体恫吓和死亡威胁。一名女学员还被人点火攻击。和福克纳一样，她们最后都被"仇恨出局"了。

即便是最非凡的立法胜利，在其正式实施得到检验之前，也不过是些碎纸片。就在我撰写本文时，又有二十四名年轻女性被要塞军校录取。和她们的非裔美国同胞们一样，这些女性不会被吓倒，但无疑会付出高昂的代价。

作为女性主义者，我们知道，仅凭一己之力无法完成这些事，我们只能齐心协力。

---

1 全称为南卡罗来纳军事要塞学院，简称要塞军校。

我想让你知道我们女性主义者已经取得了哪些成就，以及为何你不能将它们视为理所当然（尽管你有权利这样做——我们也曾为这份权利而战）。我还想让你知道哪些事情仍有待完成。我希望你能看清自己在这一历史进程中的位置，这样你就可以选择是否参与其中，以及学会如何在历史中站稳脚跟。

听我说：也许今年是1998年，但在我看来，我们仍生活在20世纪50年代。诗人西尔维娅·普拉斯（愿神或女神保佑她的灵魂得以安息）即将再一次将她的头放进烤箱。[1] 我想说的是，我们走得还不够远。我们也还生活在20世纪30年代，伟大的作家弗吉尼亚·伍尔夫正慢慢走向大海深处，即将自溺而亡。不，我们依旧生活在1913年，雕塑家卡米耶·克洛代尔帮助她的情人奥古斯特·罗丹创作了部分作品[2]，在我们说话这会儿，她正被捆绑起来，在被送往疯人院的路上。克洛代尔被她的亲生母亲和弟弟——（诗人）保尔——送进了疯人院。家人惩罚她在那儿煎熬

---

[1] 1963年，三十一岁的普拉斯在开煤气自杀前，为了避免煤气泄漏伤害隔壁房间熟睡的孩子们，用胶带、湿毛巾等密封了房间和厨房的门，然后拿衣服裹着头，将头伸进了煤气烤箱并拧开了开关。
[2] 卡米耶·克洛代尔参与创作的罗丹作品有《地狱之门》《加莱义民》等。

了三十年。她于1943年死于囚禁之中。

游览世界各地的博物馆时，我常想偷偷抹掉罗丹那高贵的名字，并以卡米耶·克洛代尔之名取而代之。此外，我也是那个想要砍掉珀尔修斯雕像头颅的人，他大获全胜地矗立在纽约大都会艺术博物馆最高台阶的顶端，高高举着被斩首的美杜莎的头颅。[1] 美杜莎的尊严要求我这样做，她蜿蜒的蛇发诱惑着我这样做。

我想这样行动，其实也有个有意义的先例。你知道吗？1914年，当英国的妇女参政主义者因要求选举权而锒铛入狱，遭到殴打并被强制喂食（她们在狱中继续绝食抗议）时，妇女参政主义者波莉·理查森大步流星地走进伦敦一家博物馆，挥着斧头向迭戈·委拉斯开兹的《镜前的维纳斯》砍去。接着，整个社会震怒了。委拉斯开兹画笔下的完美女人赤裸地侧身斜躺着，她也是虚荣的。我们看到，维纳斯正凝视着镜中的自己（和我们）。也许，理查森是在以这种方式说：各位大人，这幅画嘲弄了那些实际上无权无势的真实女性。看到你们珍视的东西被肢解、被毁

---

[1] 纽约大都会艺术博物馆收藏的一尊白色大理石雕像，名为《珀尔修斯与美杜莎之首》，珀尔修斯右手执剑，左手提着美杜莎的头颅。

灭，感觉怎么样？

有人说，普拉斯、伍尔夫和克洛代尔都是"疯狂"的天才，即便她们都在关爱女性的家庭与文化中得到精心呵护，还是会以同样悲惨的结局告终。

这些愤世嫉俗者怎么能如此肯定呢？

尽管在过去，许多精神正常的女性都被关进了疯人院，但我并不是说，疯狂（madness）本身是种神话。疯狂是真实存在的。无论是意识形态还是闺密好友，都无法拯救一个精神失常的疯女人。话虽如此，大多数女性还是不得不学会吞下那些日复一日的轻蔑与羞辱，并对它们"视而不见"。这种日积月累的伤害，的确能比其他伤害召唤出数量更多的魔鬼。

我在思考大多数女孩和女人一贯屈从的那些完美要求，达不到完美标准的惩罚很多，而对完美的奖励却付之阙如。事实上，大多数女性为了活下去，不得不忍受那些严厉的惩罚。我不想只谈论一些你可能最熟稔的、受过教育的白人天才女性，我想谈的是来自各行各业、有着各种肤色的所有女性。如此之众的女性被剥夺权利、被惩罚，被迫走上远比大多数男性可选行业要窄得多的人生路。我们的天赋没能拯救我们，我们的顺从也不会。

尽职尽责的女性、叛逆不羁的女性，还有"疯狂"的天才女性，我们中的许多人都被有计划、有步骤地打倒，继而"消失不见"。她们成了看不见的人，甚至一度被迫消失在人们的视野中长达几个世纪。在我们的有生之年，我们也与彼此失去了联结。

如果我们看不见彼此，我们也就看不见自己。

你必须站在我们女性主义者的肩上，这样，你才能走得比我们更远。

囚禁会扭曲性格。好几个世纪的女性被彻底吞噬，坠入如此黑暗的境地，以致我们像囚犯一样，变得本能地惧怕光明——光明炫目，很反常。我们害怕站起身来，当我们起身时，我们挪着细小而谨慎的步子，我们跌跌撞撞，我们看向我们的狱卒寻求庇护。

在生活中，你要尽可能早地站起来。在（男性）世界中，你要尽可能多地占据自己需要的位置空间。坐时双腿分开，不必并拢。爬树。还有登山。参加团体活动。怎么舒适怎么穿。

我们该如何制止不公呢？

我们从对权威表露真言开始。告诉皇帝，那个说他没穿衣服的孩子是我们中的一员。

我们从敢于与那些被偏见剥夺发声权、被贬抑为丧失完整人权的人联结在一起开始。

当然，我们也从学会反击开始。

为此，你不能只是纸上谈兵，你必须行动起来。不要因为你的行动可能还不够完美或是会有批评之虞就裹足不前。"行动"是你将自己的原则付诸实践的方法。它不仅是公共的，也是私人的；不仅针对那些比你更有权势之人，也朝向那些没你这么幸运的人。行动不仅针对遥远（因而也安全）的人，也针对与你一起生活、共事之人。

如果你正行走在正确的道路上，那你可能会收到一些相当恶毒的批评。请相信它，并陶醉其中。因为，它是衡量你成功最真实的标尺。

那些每天都在忍受小屈小辱的人表示，最持久和难以释怀的伤害，在于你会逐渐习惯这种对待，这很大程度上是因为其他人都认为你应该这样。毕竟，他们就是这样做的。你的经历有什么特别的吗？"你老板让你而不是你的男同事在开会的时候煮咖啡——这有什么大不了的。至少，你还有份工作。""你老公总是忘记他答应过要帮你分担一些家务——至少，你还有个老公嘛。"

人们总是暗示，但从不宣之于口："情况可能会更糟。"然而，情况也可能会变得更好。但是，如果你不采取英勇的行动，它们就不会发生。

告诉一位强奸受害者她在"夸大创伤引人注意"毫无助益。同样，问她"你为什么一开始要和那个人出去呢"也无济于事。

这类评论只会羞辱女性，让她陷入沉默而无法作为。它们在暗示，她无论做什么、说什么都无法改变任何事，所以，她最好放弃努力，接受现状。这类评论禁止她攻入权力之门。在某种意义上，这种看门行为就是一种旁观者行为。经历残酷暴行后的生还者表示，旁观者行为常常困扰着他们：人们听到了他们的哭喊声，但人们转过身、关上门、保持中立、拒绝采取除机会主义之外的任何立场。

所有的袖手旁观者都是同谋。从道德上讲，人必须"站队"。但是，一旦你站在了遭受严重不公待遇之人这一边，倾听她，相信她所言，试着帮助她——连这种出于人性和鼓励的平静行为，都会被视为一种背叛。

既然如此，那就尽可能多地去背叛吧！

当人们违背共同的人性道德梦想并毫不作为时，女性的心，男性的心，都无可挽回地破碎了（因为我们是相互联结为一体的，发生在一个人身上的事，同样也会发生在其他所有人身上）。

我认为，当我们受到更为宏大愿景的启发，并以伟大的梦想做向导时,去干预、去作为就是可能的。否则,别无他法。

女性需要的不是一个属于她们自己的房间。作为女性主义者,无论男女,我们需要的是一块属于我们自己的辽阔大陆。除此之外,别无他法。

第二封信

女性主义者之思

Letter Two

当我说"女性受压迫"时,我并不是说,男性就完全没有受到压迫。男性也会受压迫,但他们并不会因为他们的性别而受压迫,他们受压迫,是因为他们是贫穷的男性、遭到种族歧视的男性、同性恋男性,或者是不符合严格性别刻板印象的男性。女性同样也会遭受这些形式的压迫,但除此之外,女性还会因为她们的性别本身受到压迫。

当我说"女性受压迫"时,也并不是说,所有女性都受到完全相同形式或同等程度的压迫。凡是规则,就总有例外,但规则仍然是有效的。你必须先注意到规则,然后才能关注例外情况,哪怕你认为自己就是那个例外。

例如,大多数女性都在无偿工作,拥有不到百分之一的世界财产,因有偿工作获得的收入只占所有可见收入的十分之一,并占世界文盲总人数的三分之二。世界难民人口中,百分之八十到九十是妇女和儿童。

当我们将女性(我认为,我们女性处于一种"可接触的"种姓地位)与男性进行比较时,我们必须先将女性与她们家中的男性,以及与她们处于同一阶层的男性进行比较，然后，我们才能将女性与处于相对弱势经济阶层的男性进行比较。

例如，一个统治阶层的男性，会被培养继承某个国家或掌舵某个行业；他的姐妹只会被培养嫁给合适的男性、生养优秀的孩子、擅长打理家务及热心慈善事务。是的，也会有一些例外，但它们并没有否定总体的规则倾向：大多数有钱人家的女性，并不享有她们父亲、兄弟或儿子同等的权利。

此外，大多数女性至少有两份全职工作。一个工人阶级或中产阶级女性，不仅要为了钱外出工作，回家后，也要无休止地劳作。女性要承担百分之八十到九十的清洁、购物、烹饪和育儿工作。如果她足够幸运，她丈夫偶尔也会"帮衬帮衬"她。与职业男性相比，大多数职业女性在家的闲暇时间或没有压力困扰的时间更少。

当女性要求被公平或平等对待时，常常会遭到反对，这不是因为我们不配或我们是**坏女人**，仅仅是因为我们是**女性**。这真是一个难以下咽的教训。

虽然贫困和失业会加剧家庭暴力，但性别犯罪可没有阶级或种族之分。不同阶级、肤色、宗教或族裔的男性，都会对女性进行口头嘲讽、性骚扰、强奸、殴打，甚至杀害女性。大多数强奸案从未被媒体报道，很少有强奸犯被抓捕归案，更别提将他们定罪收监了。大多数强奸犯并非陌生人：他们都认识受害者。

大多数男性不会当街骚扰女性，但是，所有在街头进行性骚扰的人都是男性。大多数男性并不是强奸犯，但大多数强奸犯都是男性。大多数男性也并不对女性暴力相向，但是，几乎所有动手打人的人都是男性。性侵儿童也并不是男性专属的犯罪，但是，在此类犯罪中，超过百分之九十也都是男性所为。考虑到大多数男性花在孩子身上的时间都很少这一事实，这个比例真是高得惊人。

大多数入室抢劫犯也都是男性。如果我们说我们反对小偷入室抢劫，我们并不会认为自己是仇男者。然而，很多女性——包括一些女性主义者在内——仍然在担心，如果她们积极反对男性暴力，她们可能会被视为仇男者。

我会说：这是种该死的想法，快停止这般意淫吧。把注意力放在那些难以争取的重要事务上。不要让一点口头羞辱就阻滞你前进的步伐。要追求伟大卓越，而不是追捧"温柔良善"。

女性也会遭受人们的双重评价标准。我们总期望女性能达到理想化的完美标准，成为超级女性

（superwomen），而男性却没有这样被要求。当一位女性最后被证明只是一个人，而不是一位神的时候，我们每个人——包括女性自身——都会感到被辜负和背叛。

我们要求女性的标准不同，且远高于对男性的要求。如果一位女性做对了二十件事，只做错了两件事，我们往往会因为她的那两次失败而抹杀她的所有成就。例如，如果一位女性，十年以来一直是位特别好的母亲，是她孩子的唯一照料者，但后来有一回，她离家一周，未照管孩子，我们就会说她是个怪物，是个疯子。我们是不会给她第二次机会的，我们也不会怀疑她是否有何难处。而如果一位男性做错了二十件事，只做对了两件事，效果则完全不同，因为那两件对的事往往就能拯救他的光辉形象。例如，如果一位男性在法律上承认某个孩子是他亲生的，偶尔支付一点孩子的抚养费，却没有做任何其他养育工作，我们还是会说："但他好歹做了这两件事。而且，他也没有虐待他的孩子嘛！"他完全抛弃了他的孩子这一显而易见的事实，并不会被人们视为虐待。

其他的例子也不胜枚举，比如在美国，我们仍然在惩罚女性卖淫，而不是男性嫖娼。殴打、杀害妻子的丈夫的刑期，往往比被殴打的女性在自卫时失手杀死施暴者的刑期要短。

我们不应该用那些克服了逆境的人的例子，来指责那些没能战胜挫折的人。比如，有人会说："虽然她是靠领取社会救济福利长大的，但她却成了一家公司的首席执行官。"或者说："尽管他母亲从小虐待他，他父亲是个毒品贩子，但他却从不沾染毒品！"又或者："尽管给她母亲拉皮条的人在她七岁时就卖了她，她还是抵制住了做站街女的诱惑。"

每个人可能都要为自己做过或未做成的事负起责任，我们也要理解，这样的胜利发生的次数寥寥可数，它们是不平等下的胜利。如果我们想要收获更多胜利，我们就必须改变这种不平等。

女性主义不仅仅是一系列待做的事情，它也是一种<u>理解现实的方式</u>。女性主义会挑战我们偏爱一个正确答案、一个正确的上帝、一刀切的传统思维方式。

一个人可以是一位精神女性主义者，也可以是一位世俗女性主义者。一个人可以过着看似保守的生活，但从女性主义的角度来看，却是极其激进的。同理，女性主义的领导者（和其他所有人一样），在其职业生涯或（和）个人生活中，也可能是性别歧视者、种族主义者或阶级盲视者（class-blind）。

当有人挑战某个神圣的信仰时，人们经常会"听到"一些没有被宣之于口的事情。他们可能会臆断一些关于对方的不属实的事情:"噢,她不相信强制性的学校祈祷仪式——她是一个无神论者。""噢,她常上教堂——她是一个盲目的保守分子。""她赞成将情色作品作为《宪法第一修正案》中的权利——她不是一位女性主义者。""哦,她正在休产假——她根本就不像男人那样关心她的工作。"

我这一代的女性主义者,讲述的是有关女性境况的真相。我们是来自过往或未来的信使。与过去那些时刻一样,总有人以为,杀害信使或至少是诽谤信使,就能使我们和我们的真相消失不见。

但我相信,你们是不会那样做的。

第三封信

——

我在美国作为一个女孩的生活

Letter Three

你所成长的世界，与我出生时的世界，已经迥然不同了。

我虽然是在美国长大，但我被蒙上了面纱：身体、心理、性、政治和智力上，都是如此。那个时代的美国，像一个原教旨主义国家。我的家庭很普通，毫不特别——至少，对一个来自旧世界的家庭来说，我家很普通。

我出生于1940年，是我们家第一代美国人。我父母都是来自东欧的犹太移民，他们勤勉努力地讨生活，节衣缩食，勉强糊口，家人心中总怀着对当局的恐惧。我的名字取自我祖母，她曾在俄国占领时期的波兰经营着一家茶叶店；祖母在店里工作时，被哥萨克人（Cossacks）杀害了。那时，我父亲还是个婴儿。我外祖母是个孤儿，她做过旅馆里的服务生。到我母亲那一代，她和她的姐妹们全是家庭主妇，为人妻母，居家带孩子，而这在当时被视为一种进步。在我之前，我们家亲戚中没有人上过大学。除了我母亲，也没有人上过高中。

我父亲是位心胸开阔的卡车司机，他每天天没亮就起床，赶在天亮之前就离开家外出工作了。有时，在一天结束之前，父亲会大步流星地走过来，一把把我抱起来，带我去外面乘车兜兜风。直到今天，每当我作为乘客坐在别人车里，行驶在开阔的大道上时，我总能回忆起儿时坐卡车的情景，那是我珍贵的家庭回忆。

印象中，母亲总是忙个不停，不是打扫、做饭、缝纫、购物、洗衣、熨衣，就是在安排和监督她三个活泼好动的孩子的一举一动。我们从没挨过饿，事实上，我们都被喂得太饱了。我们挤在一个狭窄的房子里——我们五个人的家，不超过六十平方米——靠工资支票度日。我穿的是传下来的旧衣服，上的是公立学校。虽然我们家没有书盈四壁的书房（我家确实有《读者文摘》之类的读物），但我在教育上享受到了很高的特权。我学习过芭蕾舞、戏剧、钢琴、希伯来文和绘画。人们告诉我母亲，我很有天赋，如果没有这些额外的刺激，我可能会遭受一些可怕的苦楚。

我母亲有着钢铁般的意志。也许，这就是我也意志坚强的原因。母亲是个孜孜不倦劳作的人。我也一样。就算给母亲一个小国家，她照样也可以独自一人管理得很好。我想，那就是她认为她一直在做的事情。

然而，我那心爱、娇小而美丽的母亲，却是父权制思想不折不扣的忠实拥护者。但她也是送我去上所有这些课程的人，上课时她就一直在外面等我，下课后，再把我带回家。我记得，我的学校就在我们家街转角，但多年以来，母亲每天都会去学校里接我，并领我回家一道吃午饭。她总能对我的行踪了如指掌。当然，我也时刻知道她在哪里——要么在我身边，要么就在隔壁房间。

我母亲从来没有亲过我——当然，她也没亲过任何其他人。我也不记得她曾经笑过。从小到大，她一直不断批评我，对我大吼大叫，有时还打我，或者把我交给父亲进行一番更为严厉的管教。

我父亲确实亲过我，不过，暴脾气上来的时候，他也会拿皮带抽我。

我一向是个梦想家，充满浪漫幻想，不太切合实际。我认为，这么多年来，这一点一直没有变。小时候，我喜欢在公共图书馆里四处游荡。我很喜欢阅读，我也一直都在阅读，而且，随着我读得越来越多，我童年所知的那个现实之外的世界，就越是闪烁着向我招手。在书中，一切皆有可能。书籍拯救了我，但也让我付出了代价。就像水手跳上船开始远航那样，我在很年轻的时候就离开了我的家人，独自生活了。自那以后，我才渐渐开始明白，绝对没有任何其他家庭可以取代我家在我心目中的地位。一个典型的美国式成功又心酸的故事。

我不知道我还能不能准确再现20世纪50年代的青少年是什么样子。现在，即便我自己也觉得这听起来有点难以置信。且让我试试吧。

那时候，根本不存在性教育。学校里老师不教，家里没有这方面的教育，也没有成年亲属讨论过性或是正常的青春期身体变化。在我上四年级时，我很偶然地从一个同学那里知道了婴儿是如何诞生的。但当我告诉父母我听到的内容时，他们没有告诉我我听到的是否属实，我只记得他们告诉我，不准再谈这个话题，也不能大声说出我所听到的任何东西。此案终了，就此作结。

"来那个"于我而言，更完全是未知。十一岁那年，我第一次来月经。当时，我真的以为我快要死掉了——我还想，我肯定会因为自杀而备受人们的指摘！和大多数女孩一样，我不得不学会使用卫生巾，那时候，要用一根带子和安全别针把它固定住。那感觉就像兜了块婴儿尿布一样。当我抗议说这很不舒服时，我母亲说，她那一代人用的可都是破布条，她们还需要自己手洗，并且要重复使用。当然，家人不允许我用卫生棉条，因为用卫生棉条意味着你是个"荡妇"。

那时候，大多数母亲都穿着紧身褡（girdle），她们还坚持要求她们的女儿也这么穿。为此，我和母亲曾经大吵过好几回。记得在商店买衣服时，女售货员会站在我母亲一边，我会头也不回地跑出商店。我才不要穿那种带钢托和束带的巨大螳螂套装呢。"如果你不这样穿，人们会认为你是荡妇。"我母亲威胁着说。最后，我们达成了妥协。我同意穿件可伸缩的紧身褡，但很快我就不穿了。"你看起来像个放荡小姐。"我母亲跟我说。她说对了。当时我身上的肉的确松松荡荡。

而我的祖母、母亲和姑姑、婶婶们，真的就每天不厌其烦地穿上、脱下那种衣服。我父亲有次还坚持说，他从来都没见过我母亲赤身裸体地出来示人，他说他也不想看到我这么"半裸着"四处走动，就算其他女孩都这样做也不行。

多少年来，每天晚上睡觉时，我还要戴着大号金属或粉红色的塑料卷发器，好叫我的头发变服帖、柔软、有型。

一位淑女是不该介意她自己会感到不舒服的。

我不能刮腿毛——这也是只有放荡女人才会做的事情。我不能化妆，或者是打耳洞（"你看起来会像个吉卜赛人"）。我也不能穿裤子。记得有那么一段时间,在连衣裙下面再套上件裙衬的时尚做派在青少年中很流行。这让它看起来有点像有裙撑的裙子。我最喜欢的是一条灰色毛毡裙,上面画着一条白色卷毛狗,我可以在它下面再穿上**两条**裙衬。这么穿的时候,我得随身系上一根宽宽的束腰带。

请尽情想象一番,一个穿着这种现代箍裙的女孩怎么跑步、跳远和参加竞技运动。但是,我们那时候可是作为淑女,而不是假小子或运动健儿来接受体育训练的。女孩不应该做剧烈运动。我们可能会"伤到自己",用今天的话来说,就是导致处女膜破裂,或是卵巢功能受损。但从来没有人这么说过。我甚至都不知道我有处女膜这回事!

我有严格的宵禁时间,必须早早归家。我不能跟人外出约会。我不能在别人家过夜。我也会被仔细盘问刚刚到过哪里,以及做了些什么。

但是,不管怎么说,我在美国作为一个女孩的生活,比起出生在地球上其他国家贫困家庭中所能拥有的生活,可能还是要自由上一千倍。

我早早就学会了反击。我很早就开始涂口红(但当镇上的每个女性主义者都开始涂口红时,我就不涂了,但没过多久,我便感觉不对劲,于是,我很快又恢复了涂口红)。我穿过一件看起来十分硬朗帅气的短夹克。我和我的女性朋友们还一起冒险，在当地一家杂货店顺手牵羊过两回东西。

我父母不希望我有个坏名声。因为我们很穷，所以（他们认为）我的性贞洁就是我未来缔造好姻缘的所有砝码。

父母为了我的灵魂，也为了我未来的生存和我吵架奋战。我赢了，他们输了；也可以说，我们都赢了，我们也都输了。反正，我变得像男孩一样疯狂。

接着，自然还有压轴大戏。

在20世纪50年代，女性主要还是被期待成为妻子和母亲。就是在这十年中，铆钉女工罗茜[1]搬到了郊区寻找住房，她开车送丈夫去赶通勤火车，晚上在家为吃晚饭梳妆打扮好，准备精致的砂锅炖菜和果冻模具，打打桥牌，闲聊时喝喝咖啡，再陪陪三个孩子。但突然之间，她就被医生开了镇静剂等处方药，最后她发了疯，被人塞进车里，关进了疯人院。

很多女性都在工作——她们像狗一样拼命地工作，不仅在家里劳作，也在外面打工，但挣的钱很少，做

---

[1] 第二次世界大战时美国出现的一个文化象征人物，形象通常是一名双手挽袖，右手握拳向上的女工，并配有文字："我们能做到！"（We can do it!）代表"二战"期间在工厂里生产战争物资的普通美国妇女。

着一份能看到尽头，并且没有任何社会福利的工作，她们挣的钱比她们的男性同行也要少得多。她们的确是在打工，但她们并没有事业。如果她们是"真正的"女性 / 淑女的话，那她们就不会有事业。那时的就业岗位（和招聘广告）完全是按照性别来区分的：女性是秘书——不是公司的首席执行官；女性是小学教师——不是大学校长；女性是护士——不是医生；女性是美甲师——不是警察；女性是女演员——不是宇航员。大多数工作的女性打扫着其他女性家的房屋，照看其他女性的孩子。和以往任何时候一样，很多女性为了养家糊口，还在向男性出售性服务。

那些现在你可能经常讨论的话题，在当时，哪怕是悄声谈论几乎都不被允许。堕胎是秘密进行的，也是危险的、非法的。节育亦然。这还只是许许多多不能言之于口的事情中的两件而已。其他的还有同工同酬等。那时候，没有所谓的"拉拉"或同性恋者。也就是说，没有人会这样称呼他们并大声叫出来。

在我认识的白人中，人们也从来不谈论黑人，只说"黑鬼"（Negroes），一个通常得低声说的词，因为称任何人为"黑鬼"都是不礼貌的。从种族政策上而言，这时候的国家还是施行种族隔离制的（当然，从很多方面而言，它在今天也仍然如此）。那时，距离在学校和公共场所争取种族融合的斗争，尚有十多年时间。那时，六百万犹太人刚刚在欧洲被集体消灭，不过，犹太大屠杀（the Holocaust）这个话题在我家从来不会被讨论。同样，它也不会在我上的希伯来语学校里被讨论。

如果我想在为人妻和为人母之外另谋出路，比如说我想当一名演员，那我是绝对找不到可效仿的女性榜样或女性导师的。我对我的女性主义历史一无所知。我这一代人，都要等到二十多岁、三十多岁，甚至是四十岁时，才会发现我们所继承的女性主义遗产。

我希望，相比我这一代人，你能早点发现你的那份遗产。

第四封信

在"后"女性主义时代如何培养强大的自我

Letter Four

在我成长的那个时代，年长女性很少会告诉年轻女性，一个女人需要做些什么才能够成为身心完整之人，以及要如何保持女性的自我完整才能够好好生活下去。要是年长者当初告诉了我们那些道理，我们可能早早就会明白，女性人生当中第一个也是最重要的追求，应该是寻找我们自己，而不是去寻觅一位王子（或公主），无论这位王子（或公主）有多么迷人。

自八九岁起，我就开始写诗，从十二岁起，我便开始在鸟岛（Birdland）听爵士乐，在亨利街剧场表演戏剧，整个高中阶段，我也一直跟着乐队一起演出唱歌——但即便这样，我也仍然没有半点自我意识，也没有对未来的明确规划。我只知道，我必须继续读书然后离开家。

1958年，我拿着全额奖学金上了大学。这一次，我终于彻底离开了家。寒暑假里，我像"垮掉的一代"那样穿着黑色服装，在格林威治村[1]的费加罗餐厅

---

[1] 位于纽约曼哈顿，是20世纪60年代反文化运动的中心，住在这里的多半是作家和艺术家。

和里恩齐餐厅当服务生。我独自一人租住在王子街，那个地区后来被称为苏豪区[1]。我每天都会写日记。我在咖啡馆里写过日记，也在那里写过诗，我把自己想象成一位旅居巴黎的外籍人士，至少在我当时的脑海里，我就是这么看待那时的自己的。

我独自一人自由地翱翔，没有指导老师，也没有人生手册，这就像在没有安全网的情况下进行一场高空走钢丝表演。从来没有人告诉过我，我正在做的事情不能靠我独自完成；我所面对的是数千年来针对女性的仇恨；我必须和某个伟大的男人上床、结婚或给他当持家女主人，才能被允许去做自己想做的事情。要是有人告诉过我这些的话，我的那些想法可能就会早早消失不见。

从来没有任何权威人士向我提过女性曾经面临过这种困境。也从来没有人告诉过我，和男人一样，女人也是人：复杂、有野心、独特非凡。

如果有人曾告诉过我这些的话，会对我有所帮助。毕竟，一个人无法单靠自己弄清楚一切。我希望你不必像我当初那样自己摸索。

---

[1] 纽约曼哈顿下城的一个街区，20世纪60年代起聚集了许多艺术家在这里生活、工作，现在是有名的艺术、商业街区。

也许，人们已经告诉过你，你现在生活在一个"后"女性主义（"post"-feminist）时代。这句话在暗示，女性已经赢得了她们的权利，目前享受着绝对（也许甚至是太多？）的自由。要知道，真正的事实可能是，媒体发现女性主义的观点十分时尚，我们经历这段短暂的时期之"后"确实还没多久。我并不是在怪罪媒体。诚然，如今打开电视，你就会听到电视上讨论的全是女性的恐惧和悲剧，它们无时无刻不通过电视侵入你家客厅。

媒体的确为这些问题发了声，但它只是将这些问题当作娱乐消遣，没有任何女性主义的政治分析。而这里，就是你该参与进来的地方。

让我们以街头性骚扰为例。十一岁的时候，我就乳房饱满，腰肢纤细，留着一头乌黑的秀发。因此，从十几岁开始，我的世界就不再是我的了。它属于那些对我凝视、吹口哨、讥笑、做鬼脸、打手势的男性，他们肆意侵入我的思考空间，仿佛我是一份公共财产。每当走在街头发生这种情况的时候，我便会走路如风，眼眉低垂，但其实我明白，我心底是暗自激动的。因为这证明我很有魅力，也表明我能对成年男性施加影响。

我遭遇过街头性骚扰，但我却把它看作一种恭维——这就像我母亲那一代女性,如果现在仍有某位男性称她们为"姑娘",或者绅士地为她们开门时,她们会立马容光焕发那样。

我们女性总会苦中作乐。

1951年,摄影师鲁思·奥尔金[1]在意大利街头抓拍了那张很有名的黑白照片。照片上,至少有十五名男子正色眯眯地盯着一个独自出门的美国女孩。她穿着长长的宽摆裙和凉鞋。从她的面部表情可以直接看出,她被他人操控了,她被困住了,也被吓坏了。她身后是男人,两边也是男人,他们都在伺机等着她。这张照片非常有名。

奥尔金这张照片是典型的街头性骚扰场景。但它还是没能完全呈现这个问题的严重性。这些年来,我经常一个人去意大利旅行。作为一个独自出门的女性,我可以证明,现实中发生的事情,比我们在照片上看到的还要糟糕得多。我见过一些意大利男人,他们真是不要命一样忙着向女性献殷勤。他们几乎从窗户跳下来,冲进来往的车流中去搭讪。他们是歌剧式、荒诞、热血且幼稚的——也都是甩不掉的"麻烦精"。

---

[1] 美国摄影师、电影制作人,这张照片是《在意大利的美国女孩》(*American Girl in Italy*),可参见:https://www.orkinphoto.com/photographs/american-girl/。

在我成长的那个时代，对大多数无人陪伴出门的年轻女性来说，吹口哨、嘘声、给你钱做笔交易，就是构成"外面的世界"的所有东西。我从来不能安然地坐在公园的长椅上凝望着一棵树、聆听轻柔细雨的声音或站在自己完成的一幅美丽画作前，我也不能在咖啡馆里看书而不被陌生人打扰。那时候，我会担心，或者说也隐隐希望自己会被一些陌生男人搭讪。只有现在回想起来，我才明白，我曾经体验过的那种"被恭维"的现实，实际上是一叶障目后所见的短浅的现实。

过去，我的确喜欢被人关注。我不认为自己是一只移动的标靶猎物。我并不知道，这些男人也会以同样的方式对待其他年轻女孩，我也不知道，这其实根本就不算恭维与赞美。

当时，我没有感到危险。我甚至觉得，自己是坚不可摧的。在性问题上，我想像男孩一样自由。我根本不知道存在双重标准这回事，如果我做与男孩完全相同的事情，这个标准就会严厉地惩罚我。

现在离那时候虽已过去了近半个世纪，但我认为，对年轻女性的街头性骚扰并没有得到改善，甚至变得更加糟糕了。我认为，街头性骚扰中的诅咒谩骂更为强烈，愤怒也较以往更甚了。而且，在外面成群结队的年轻男性也更多了——喝得醉醺醺的、毒瘾大得飘飘然的、无家可归的、精神不正常的,他们多是自暴自弃的自虐狂。我还看到过衣着考究的成年男子——有时还西装革履——一看到任何吸引他们注意力的年轻女性,便凝视、嘟哝、窃窃低语、尾随她们,并极力与她们搭讪,进行露骨的谈话。

生活在"后"女性主义时代,并不意味着街头性骚扰已经消失了。非但没有如此,它还更为频繁地被人们指认出来,名目繁多的搭讪骚扰也会被如此定名。这确实是女性主义带来的一项重要差异。

当然,这些年过来,还有一些其他的好消息。一旦在街头骚扰女性的那类男性认为某个女人太老了(不管他是什么意思)——噗!——那么,那个女人就变得不可战胜了。于是,像被施了魔法一样,她就又可以安然走在城中的各个街道上,感到像小时候那样自由自在了。所以,随着年纪渐增,我终于可以有所选择了:独处沉默或是与人交往。我可以主动选择这一点。我真是爱极了。

尽管如此,在我这一代人中,有些女性仍然会认为,要是男人不关注她们,她们自身就不存在。

1975年,我为二三十岁的女性开设了几个心理疗愈小组。我经常要求每位女性起来发言,说说她是如何看待她自己的。结果，每位女性（几乎没有例外）都只谈论她的外貌，然后还会说她是多么讨厌自己的长相。每个站起来发言的人，都会痛苦、煞费苦心地用尖刻的具体细节指出她身体或真实或想象出来的种种缺陷：这里太瘦、那里太胖、身上哪里都太松弛、皱纹太多、太男孩子气、过于母爱泛滥等等。每位女性的客观长相与她如何看待自己的想象之间存在巨大差异，作为一个小组整体，我们对此大为震惊。

现如今，二十多年过去了，我们出版了无数书籍，发行了数不尽的电视节目，专家们却说，今天的女孩对自身的评价更加严厉，而且，这种对自我的负面评价还呈年轻化态势发展，女孩们自我批评的年纪愈来愈小。玛丽·皮弗在她的畅销书《复活的奥菲莉亚：拯救青春期女孩的自我》中写道："我做了很多年的心理治疗师，但这么多年以来，我从没有遇到过一个喜欢自己身体的女孩。瘦得像竹竿一样的女孩，也会抱怨她大腿太松垮或者肚子太凸……她们浸淫在我们的文化中，习惯性地憎恨自己的身体……当不自然的骨瘦如柴备受推崇时，女孩们（确实）会做一些不合常理的事情来让自己变瘦。"

亲爱的，父权制这个吸血鬼已经在咬你的脖子、喝你的血了，你还痴迷于节食让自己的身体再多瘦几寸，而不是奋起反抗，去改变历史的进程，哪怕一丝一毫吗？

我这一代女性主义者留给你们的遗产是反抗，不是顺从。起来反抗强大无比的文化胁迫和同侪压力吧，不要只以外表评判自己。不要在错误的观念中抛弃真正的自我，诸如你付出得越多，就会感到越充实，换言之即，你付出得越多，就会越有收获。事实才不是这样！不要失去心理上的强大，不要为别人腾挪出你所占据的位置空间，转而希求他或上帝会填满你内心的空洞。

在我成长的那个时代，受人尊重的女人和女孩很少能看到男性私囤的"少女"杂志及法式情色明信片。与此不同，现在充斥在你周围并不断滋扰你的，实际上正是各种半裸或全裸的女孩照片，以及那些穿着性感服饰、摆着撩人姿势的女性照片。在电视、电影和每个报刊亭，你都能看到这些艳俗的照片。

如果没有人对你言传身教，你可能会禁不住这些诱惑，把自己想象成巴比伦的妓女，或是得了厌食症的时装模特，你可能会相信，自己真的很丑，因此也不值得被爱。

如果你足够幸运，你只需要花上十年或二十年时间，就能明白并克服这些女性图像产生的浮夸做作和自我憎恨。我大概就花了那么长时间。

和其他许多母亲一样，我母亲也曾告诉我，发生在女孩身上的几乎所有事情，都应该归咎于她们自己，而颇为自相矛盾的是，母亲还告诉我，男人是不值得信赖的。我讨厌母亲说的这些话，我真的非常讨厌它，以至于很长一段时间以来，我都讨厌说这话的母亲本人。

在学校，我被视为一个"有头脑"的学生。但我也常被人称作"荡妇"，这倒不是因为我做了什么，仅仅因为我有乳房。而我，"想拥有这一切"（就像男生——同为人类的男生——能同时拥有头脑和体格一样）。因此，我让父母伤透了脑筋，也经常被其他女生孤立，而我还徒劳地想寻求她们的认可。

结果就是，我对女生并没有太多尊重。我认为她们很无聊，搞小团体，还爱假装正经。有时我会想，我要是个男孩就好了，又有些时候，我觉得自己就是耶洗别[1]的化身。

后来我才发现，母亲说的话是对的。她和其他所有母亲都告诉她们自己的女儿，男人是不值得信赖

---

1 《新约·启示录》中的人物。西方文化中常用来代指被视为邪恶、放荡的女性。——编者注

的。她们自己都不知道，她们这话是多么正确。

我这一代的女性主义者，还是五十多年来第一次重新收集有关女性状况统计数据的女性。我们重新发现了美国女性主义者早在19世纪就已经知道的事情：《权利法案》中并没有代表女性的权利。至今，女性也仍然没有得到一些她们应得的权利——这就是我们那失败的《平等权利修正案》要争取的事。

于是，我们创建了"意识提升"小组，然后发现，我们以为的私人问题——例如讨厌自己的身体——远非个人所独有的私人问题，而是所有女性共有的问题。这就是"个人的即政治的"这句话真正的内涵，也即，女性的私人问题实际上反映的是集体现实，它既需要个人的具体解决方案，同时也必须有政治上的解决路径。

也许，我终究还是我母亲的复仇天使。

我们的母亲告诫我们，男人不值得信任，这也许是正确的，但她们给出的解决方案却是错误的。她们的解决方案是试图击溃我们的精神，并使我们讨厌自己。许多母亲都这样教导她们的女儿，无论女人身上发生了什么不好的事，都要责备女人自己，而且，无论发生什么事，都要相信男人说的话，如果这个男人还是一名父亲、兄弟或儿子的话，就更是如此了。

我们的母亲也对我们撒谎，她们总说事情有多么糟糕——事情要比她们说的更加糟糕，也远比她们知道的更加糟糕。尽管如此，我们母亲那一代人中的许多女性，还是在信仰一个完全是男性的上帝中找到了一些心灵慰藉，她们也信任这位上帝在世界上的全男子代表们：神职人员、丈夫、总统、医生，以及所有男性权威专家。

我们的父母和老师都没有告诉我们不要盲信权威专家，他们也没有告诉我们要相信自己的经验。

我母亲认为，一个女孩可能因为一次约会就被毁掉，如此一来，她能缔结美满姻缘的机会也将无可挽回地受到损害。然而，母亲却没有教我应该如何自卫，我没有一点儿武器装备，也没有经受过格斗训练。母亲只是告诉我，晚上不要出门（仿佛强奸只发生在暗夜，或者只发生在碰到陌生人时似的）。我母亲和她这一代的其他女性告诉她们的女儿，外出时要结伴同行，没事就待在家中，锁好门窗，在让任何人进家门之前，务必先问问他是谁。我的天，让别人进家门？如果他已经在家里面了呢？如果他就是你的父亲、叔叔、继父、兄弟呢？

我们的母亲（愿神／女神保佑她们）没有想过要创立堕胎诊所，或是为被家暴的妇女提供庇护所。我们的母亲也没有设想过，可以有一个女性主义政府治理一个主权国家。她们很难相信，无论从经济上而言，还是从心理上而言，在没有男人帮助的情况下，一个女人能够生存下去。

事实是，女人可以做到。你要知道，争取女性独立的斗争可能很艰难，甚至很痛苦，但继续生活在奴役之中，则会付出更大的代价。

第五封信

——

文学正典

Letter Five

我主要是通过阅读书籍，靠自己慢慢才有了自我意识的觉醒。

因为我想象力丰富，常耽于脑海中的幻想，也一直不停读书，所以，我接下来要告诉你的东西，于我而言，非常私人化。

从上幼儿园到近三十岁，我，一个时刻阅读的人，却对女性作家、画家、科学家、精神或政治领袖、女性主义者、工会组织者以及革命者几乎一无所知。如果我曾偶然发现了玛丽·沃斯通克拉夫特[1]或玛蒂尔达·乔斯林·盖奇[2]的作品，它们当然可能给我一些力量，给予我些许的自我尊重，向我提供某条线索、一些慰藉。

等到我高中毕业时，我已经读过了拉尔夫·沃尔多·爱默生和亨利·戴维·梭罗，但我没有读过玛格丽特·富勒[3]或是夏洛特·珀金斯·吉尔曼[4]；我曾听说

---

1 英国作家、思想家、女性主义先驱人物，代表作有《女权辩护》。
2 美国作家、废奴主义者、社会活动家，主张妇女参政和捍卫美国原住民的权利。
3 美国作家、评论家、社会改革家、早期女性主义运动领袖。
4 美国作家、社会活动家、女性主义先驱。

过一些男性废奴主义者，如约翰·布朗、威廉·劳埃德·加里森、温德尔·菲利普斯、弗雷德里克·道格拉斯，但我从没听说过索杰纳·特鲁思[1]、哈丽雅特·塔布曼[2]、哈丽雅特·雅各布斯[3]、哈丽雅特·比彻·斯托[4]或是格里姆克姐妹[5]。

现在回想起来，我觉得这是一个阴谋——不然还会是什么呢？

我也从未听说过阿芙拉·贝恩[6]——英语世界中第一位职业女作家。那时候，没有老师，也没有哪本书提过，世界上第一部长篇小说——《源氏物语》——是由11世纪日本的紫式部夫人写的。我刚上大学的时候，还从未听说过弗吉尼亚·伍尔夫，而当我最终听说了她时，也没有哪位老师提过，虽然伍尔夫与男人结婚了，但她其实也喜欢女人。我知道莎士比亚，但我并不知道他那位"黑女士"（Dark Lady）可能是

---

1 美国废奴主义者，早期妇女权益运动代表人物。
2 美国废奴主义者、女性主义者、黑人政治活动家。
3 美国作家，生于北卡罗来纳州，历经十多年奴隶制度的压迫，最终设法逃到北方的纽约，著有回忆录《一个女奴生活中的事件》。
4 美国作家、废奴主义者，代表作有《汤姆叔叔的小屋》。
5 萨拉·格里姆克和安杰利娜·格里姆克姐妹，美国废奴主义者、社会活动家，合著《美国奴隶制现状：千名见证者的证词》。
6 17世纪英国戏剧家、小说家、诗人，第一位以写作为职业的英国女性。代表作有《王子的奴隶生涯》、诗集《欲望》、剧本《多情王子》等。

指一位绅士。我爱沃尔特·惠特曼，一直读他的诗，但我一点儿也不知道，原来他爱的是男人。也没有老师跟我提过，苏格拉底和米开朗其罗也都是同性恋人士。

哦，写到这里，我记忆的闸门终于轰然大开了：我读过纳撒尼尔·霍桑、查尔斯·狄更斯、赫尔曼·梅尔维尔、埃德加·爱伦·坡、费奥多尔·陀思妥耶夫斯基、列夫·托尔斯泰、让-保罗·萨特、阿尔贝·加缪——但我没读过勃朗特三姐妹、乔治·艾略特、伊迪丝·华顿、格特鲁德·斯泰因、科莱特、阿娜伊丝·宁、琼·里斯、西蒙娜·德·波伏瓦以及娜塔丽·萨洛特。

没有哪本书，或是任何老师曾经提起过，甚至随口一提都没有，狄更斯、梅尔维尔和托尔斯泰都是极端厌女者。请多加理解：我并不是说因为某部小说的创作者虐待妇女或者拥有奴隶，这部伟大的小说便是"失败的"。许多男性都憎恨、害怕他们的奴隶和妻子，然而，吊诡的是，这些男性又绝对依赖他们的奴隶和妻子。他们中的少数几个是伟大的作家。种族主义者和反犹分子可以并且已经写出了伟大的诗歌：埃兹拉·庞德和 T. S. 艾略特就是两个典型的例子。这份文学正典清单上的遗漏缺失、满布的错误信息，以及防御性的遮掩虚饰，都罄竹难书。

天才男性也无法超越父权制的限制，知道这一点，真是一种莫大的悲哀。如果我能知道，我曾经如此珍视的作品是由人而不是神写的，而且也能够了解，那些包括女性主义者在内的伟大女性，也曾经活过、工作过，我怀疑，我也许能以更快的速度摆脱这大量有着致命错误、引人入歧途的概念。

我们不了解的东西能伤害我们。

遗忘，即不了解你自己的过往和故事，同样是危险的。这就好比，你将不得不从重新发明车轮[1]开始来打仗，一次又一次地进行着同样的战斗，却没有指导性的榜样力量。

因此，我请求你，如果你能接受高等教育，不要把学校开设的女性主义和多元文化课程视作理所当然。

在我的现实生活中，能够给人赋能的榜样角色同样是稀缺的。我记得，在我上公立中小学的八年里，只有两位女老师没有因为我在课堂上不停读书而惩罚我。高中四年里，所有授课老师中只有四位（占比百分之十二）对待我时好像我的想法真的很重要一样。

这四位老师中，两位是女性，两位是男性。我非

---

[1] 为英语习语，指花费大量时间精力去重复发明早已存在的东西、白费力气做无用功。

常珍视他们对我的尊重，我将其视为我所知道的最伟大的关爱。

我希望你在成长早期至少也能有这么多关爱。我们每个人都值得更多。

在大学四年中，我有一位会鼓励支持我又平易近人的女老师。在我读研究生的六年里，也有这样一位女老师。我在医学院也读过一年书，但在那里，没有女教师。我也没有过有色人种老师，没有机会早早学习大多数白人不知道的某些事实真相和优势力量。

对我这个时代的女性来说，我可能比大多数人获得了更多老师的鼓励和榜样力量的支持。这是好消息。等到我上大学的时候，我的老师中有一些男教授，他们对我表现得过于关注，不时约我出去跟他们进行私人约会，还扬言威胁，如果我（以及其他学生）不和他们上床，他们就会让我（们）挂科。

和大多数女学生一样，我也受到过男教授和男雇主的性骚扰。这种特别关注我既想要，又不想要——它让我感到不舒服，但也让我感到被奉承而受宠若惊。和我这一代的其他人一样，我成长中接受的教育是要接受和享受这种关注，而且，最重要的是要保持沉默，然后忘掉它，如果这些特殊的安排让我感到困扰，我只能责怪自己。多年以来，我确实一直是这样做的，并且一个人独自承受这一切。这种情况一直持续到了20世纪60年代后期，那时的女性主义运动如火如荼，让我能够开始从女性主义的角度分析我的命运遭遇。

和大多数女性一样，我也不得不抵抗许多图谋不轨的性侵犯。这样做需要付出代价。正如每个女人都知道的那样，地狱里也不会有我们那种被某个男人逼出来的愤怒之火。在我遇到的数千个案例中，仅举两例：20世纪60年代末的某天，在一次晚饭后，一所著名大学医学院的系主任想要强奸我。我当时还是一名研究生，系主任提议我们出去见个面（我承认，我有罪，我去见他了，我也吃了饭），讨论一下他可以如何帮我争取研究资金的事宜。而在随后发生的毫无爱欲色彩的扭打混战中，我打断了他几根肋骨。尽管最后，我也帮忙送他去了附近的一家医院治疗（这种时候只有女性才会这样做），但不消说，这位教授从未指导过我的学术研究。

另外一例发生在20世纪70年代初期，另一位教授——一名社会学家——来到我的学校，为国家审查委员会评估我们学校的课程质量。我得承认，同样的事，我又做了一次——我接受了这位教授发出的邀请，去参加了一个晚宴派对，来参加晚宴的多是非常著名的（白人男性）知识分子和他们的妻子。那些同我一样有着雄心壮志的异性恋男性同行，也接受了这次晚餐邀请，只不过，我认为，他们不必面临性骚扰这种困扰。无论如何，我又大胆地拒绝了这个男人随后意图的每一次社交和性侵犯之举。不用说，他伺机对我进行了报复。针对我的第一本书，他安排人写了一篇尖酸刻薄的评论文章，并将其发表在了《党派评论》上。他故意雇了一位女性操刀撰写评论，这位女性多年之后告诉了我这件事，并就此向我道歉。

这两位年长的男教授都没有把我看作他们的学术继承人，也没有把我当作他们团队未来的一名成员；而且，他们起初对我热情洋溢也根本不是出于爱我。他们那样对我只是因为我是一个女人。这绝不是什么私人的事。这才是它令人心酸痛苦、伤心欲绝的真正原因所在——偏见的非个人化特征，像无情的铅球一般沉重。

这类教授并不少见。大多数男性都将女性视为泄欲的宠物猫[1]，她们只分妻子-猫咪、女友-猫咪和妓女-猫咪。这类性骚扰和学术上的缺乏指导并没能阻止我人生前进的步伐——我在这里写着书，成就了现在的我——但对我也没有丝毫帮助。

性骚扰是如此普遍、无处不在、被视为理所当

---

[1] 原文为 pussy，有猫咪的意思，在俚语中指女人及女性的阴部。

然，以至于它都快变得看不见了。耻辱、不良后果却一直跟着受害者或吹哨人[1]。施害者从来不必承担他的行为造成的后果；他从未被人指认，就算他被指认，他们也会团结起来保护他，摧毁指控他的人。在二十世纪五六十年代，学院里的那些伟大男性（和那些象征性的女性）既没有为性暴力命名，也没有研究过性暴力；最后，他们这群人的贡献还将体现在20世纪70年代，那时，他们将草根女性主义者的主张定性为不合科学且不值得资助。

如今，有很多男性在公开法庭上被人指控犯了性骚扰和强奸罪。虽然我们的女性主义事业没有终结这类恶劣的行为，但它却给女性赋能，让她们能够反击——并且还要鼓励她们继续反击。如今，许多大学和私营企业都已经制定了关于性骚扰的政策。我们可以拿到宣传小册子。确保你好好阅读了它们。

这是一项伟大的成就，我为此感到十分自豪。

一些经验则是，哪怕在信息完全匮乏的情况下，一个人也可以克服很多难题和障碍。即便没有榜样，你也可以有所作为。不过，若你能有一些可以效仿的榜样，那你能完成的成就，又将何其多呢！

---

[1] 指吹口哨提醒受害者注意威胁，或指在面临严重威胁组织和公众利益时，不惜冒着重大危险勇于揭露之人。

第六封信

——

深切的同情悲悯

Letter Six

在过去的十年里，总有人说我们这一代女性主义者痴迷于揭露性暴力，因此，他们认为我们势必反对性快感。这其实是个谎言。我们有些女性主义者的确投身到反对强制性异性恋和卖淫的运动中去，但我们中的许多人也怀着热情和诚心在寻求性的快乐。

在第二波女性主义运动的女性主义者中，有人格外关注性**暴力**，不希望世人将暴力与**快乐**混作一谈。这群人悲痛伤心，也怒不可遏，因为很多乱伦的受害者和受虐待的儿童，最后都沦为了卖淫和色情的牺牲品。此外，这些女性主义者还关注到底有多少儿童——女童、男童皆有——被贩卖或绑架到了妓院被迫卖淫。这群人很少探索女性寻求和发现性快感的方式。

在这群人之外，其他第二波女性主义运动中的女性主义者则敦促女性掌控自己的性快感。这群人倾向于关注国家或教会对性采取的审查和性压抑的危险，将卖淫和色情视为劳动形式，虽然这些劳动形式遭到异化、充满危险，但至少会获得报酬。这群女性主义者敦促社会将卖淫合法化或将其去犯罪化，并视此为改善"性工作者"工作环境的一小步。这些女性主义者经常关注的是那些声称进入风俗业是她们的自由选择，或说她们喜欢当妓女的女性。这些女性主义者中很多人自身就是——或者至少支持——那些正在探索新的性自由的女性，这其中就包括双性恋和女同性恋。

然而，尽管这两个女性主义者群体之间存在一些明显的不同，但这两个分属不同意识形态阵营的群体都很少有人会有公民不服从行为，也很少有人真的锒铛入狱过一段时间，或是发起过严肃的绝食抗议。就我所知，这两个阵营中也没有任何人设法发起过军事行动，释放那些被绑架并被强行关押在妓院或强奸集中营的未成年女孩或成年女性（以及一些男性）。

这其实也在意料之中。毕竟，描述暴行总比冒着生命危险在前线阻止或终结暴行容易。

你是否害怕自己如果过分关注性暴力事件，就会失去对性快感的享受？的确是这样，为强奸受害者提供咨询服务的许多女性（也有男性），在一段时间内都会排斥两性之间的亲密行为。

暴力是会传递的。

承认强暴具有创伤性和无法应对这种创伤，有很大区别。同理，承认糟糕的事可能会发生在你身上，而且那不是由于你的过错所致是一回事，但这一事实仍会打击你、让你士气低落则是另一回事。对我们大多数人来说，暴行确实时有发生。关键在于我们如何应对暴行。

例如，如果你遭到了性侵犯，那也绝不是你可以出卖自己的身体，继续进行肮脏交易、讨厌自己的理由。但这里的问题是，你是否愿意尝试并践行那种对自己和他人的慷慨，那种别人从未向你展示出的慷慨？

我认为，男性和女性都亏欠女性大量深切的同情悲悯。女性经常吝啬给予彼此同情悲悯，或者只给出去一点点，仿佛它是稀缺商品。而且，她们只把同情悲悯给那些不会威胁到她们的女性。这告诉了我两件事：女性可能会因为最终得到的那一点点母性温暖而推心置腹；女性只需要一点鼓励和同情，就足以继续前行。

要是能**再多一些**，谁知道我们可以走多远呢？

要知道，你随时都有可能沦为这场针对女性的战争的牺牲品。了解这一点对你有很大的好处。如果你知道这随时可能发生，并且无法通过做什么阻止它，你至少可以学习如何避开一些重击，并学会忍受那些无可避免的攻击。睁大你的眼睛，保持思路清晰，并且实事求是、准确地命名你所承受的每一击伤害。

这样做是为了让自己记住，你的痛苦并非你自己造成的。这一点在心理上至关重要，受害后不要责备自己，也不要自动将这些伤害视为针对你个人的事情。事实是，很多所谓的个人之事都十分非个人化——比如被敌军俘虏，一直找不到工作，第一个被炒鱿鱼，因为你的肤色偏深而被浅肤色的家人所拒斥，因为你是同性恋而被人摒弃，等等。

我并不是说你要成为一名宿命论者或在逆境中变得软弱，虽然你必须以某种超然的旁观视角理解现实，但同时，你也必须学会怎样为自己做过或未能做到的事承担起基本的责任。

为了更好地帮助其他女性，你自己必须先变得十分强大。如果你照顾不了自己——如果你没有照顾过你那强大的自我——你必然照顾不了任何人。

你必须对自己饱含深切的悲悯。女性历来只知道同情和悲悯他人，甚至还与那些贬低、摧毁、压榨、恐吓或抛弃她们的人联结在一起。在这种情况下，学会如何断开联系十分重要。

这很难，十分不容易，但是，你的女性主义遗产是持续不断的，是日常的，也是不断演进和转变的——它绝非停滞不前的静态。你的这份遗产既重视自由也重视幸福，既重视自爱也重视无私。记住这一点。

第七封信

开创历史

Letter Seven

我们这一代人很容易便开创了历史。我们没有联络簿，也没有建立关系网，我们根本不需要这些。我们之中有人曾积极参与 20 世纪 60 年代的民权和反战运动（我就曾参与其中），那时候，人们只期望我们女性在一旁煮煮咖啡，好让男人们大放异彩。我们之中也有人毕业于常春藤联盟高校，在郊区过着富足的婚姻生活，但也都被期望着做同样该死的端茶倒水之事。而后，这片土地上出现了一种新的精神和一个全新的组织：全国妇女组织。我们随即便加入了。我们的成员主要是但不仅限于受过教育的白人女性。我们已经受够了被当作女仆。我们已做好准备和那一切说再见。

某个晴朗的一天，我们打开家门，像易卜生笔下的娜拉一样，径直走出了家门。但和娜拉不同的是，我们并非孤身一人。每个城市中，都有成千上万的女性在这样做。一夜之间，上千个意识提升团体如雨后春笋般冒了出来，女性在美国的每个主要城市、许多大学校园、许多专业协会内部，演讲、游行、示威、组织会议并发起运动。那真是惊心动魄、神奇非凡、令人难以置信的时刻。媒体报道了我们的每一份声明。我们说的一切都被视作焦点新闻。

我们没有为此**努力拼搏**，但它属于我们，是历史上的一个开端，也是一个奇迹。一夜之间，或者至少看起来如此，我们组建起了组织，竞选公职，倡议并起草立法，建立了针对强暴的紧急救助热线，并为被家暴的女性提供庇护之所。意识提升团体提供的教育与赋权，让我们得以进入从前只向男性开放的各种职业。女性纷纷成为警察、消防员、法官、木匠、律师、医生、电工、教授、科学家、公司经理、宗教领袖、部长、投资银行家、勤勉的新闻记者、总编、小企业主等等，还有女性宇航员以及体育健儿，甚至还有训练男性士兵并亲自执行战斗任务的武装部队的女性军官。

这些职业与我童年时代所熟悉的那些女性职业相去甚远，那时候，女性大多是全职太太、护士、美甲师、秘书、商店售货员、报刊的八卦绯闻专栏作者、女演员和小学教师。

要是没有现代女性主义运动，我不知道此刻我会过着什么样的生活——至少是一种比现在差得多的生活；我敢肯定，那将是一种更为悲惨的人生。我永远不会忘记，我的人生是如何在 1967 年进入它的第四维的。彼时，仿佛突然之间，世界上就充满了一群勇敢、大胆、美丽而无畏的人，其中大多数都是女性和女性主义者。这的确是惊人非凡的！

当然，我们这些第二波女性主义运动中的女性主义者，在 20 世纪 60 年代后期有更多的"乐趣"。那时，我们都还年轻，感觉自己不可战胜。我们压根不知道这场战斗会持续终身，而且，它比我们任何人想象的都要艰难得多。我们每个人私下都顽强地与身边的父权制进行抗争，而仅仅是这份个人的抗争，也颇为不易。更别提抵抗父权制和发起共同的抵抗运动了——那将动用和耗费我们所拥有的一切资源。

女性能进入高薪行业工作来之不易。自从我们变得有自主意识之后，我们仍必须为每一个小小的收获付出难以想象的努力。但我们有彼此，这让一切都大为不同。它使不得不去战斗——尽管我们经常会"战败"——这件事变得可以忍受，也让它成为一种可能。那些打一开始就拒绝雇用女性的雇主，在我们通过合法手段强制他们雇用女性之后，也还是很不乐意这样做。关于平权行动有许多荒诞的说法，声称性别配额会降低用工标准，而事实恰恰与这相反，实际上，大多数女性做这些工作都是大材小用。通常，女性为了保住她们的工作，要比男性表现得优秀两倍，还得自愿在充满敌意的工作环境中付出双倍的辛勤努力。针对女性有许多不成文的职业行规，而这只是其中之一。

在 20 世纪 70 年代，纽约有一些隧道建设女工（地下工程工人），我听说，她们的男同事故意不给她们提供足够的备用设施或安全信息，只期望她们会失败，甚至死掉。我也知道，有一些女性消防员、陆军和海军女军官、女研究医生、流水线上的女工，在工作中受到过性骚扰，甚至是拳脚相加的攻击——如果她们投诉，她们就会被解雇。

一个女人又能上哪儿去申诉不公呢？毕竟，安妮塔·希尔遭到了她老板克拉伦斯·托马斯的性骚扰，而在当时，托马斯可是平等就业机会委员会的主要负责人，即便现在，他也是我们最高法院的一名大法官。我还知道，有职业女性曾因为指控受到了性别歧视而被要求去接受精神治疗。这曾经是，现在也仍然是一种流行的做法，而女性表现出来的毅力和勇气，十足令人叹为观止。

你有权了解我们的战斗故事。凭良心讲，我们也不能在你还不清楚战场上可能会发生什么的情况下，就贸然将你送上战场。

那些伟大的女科学家，如芭芭拉·麦克林托克[1]和丽塔·列维-蒙塔尔奇尼[2]，都曾获得过诺贝尔奖，只不过，她们都是在已经七八十岁时才获的奖——尽管在获奖前，她们就已经做了近半个世纪的非凡工作。玛丽·居里是第一位获得诺贝尔奖的女性，但她却被法国科学院拒之门外。伟大的女性必须比伟大的男性加倍优秀才能获得同等的回报，并且，她们还只能获得回报、奖赏中的一小部分，而那些伟大的男性，却能更快、更轻易地获得这些奖赏。

但至少，麦克林托克和列维-蒙塔尔奇尼最终还是获得了她们应有的荣誉。而科学家罗莎琳德·富兰克林就没这么幸运了，她在很年轻的时候就因癌症去世了。接着，詹姆斯·沃森、弗朗西斯·克里克和莫里斯·威尔金斯便不假思索地使用了富兰克林的工作成果，却没有给予她应有的功劳——他们（以发现双螺旋结构而见称于世）甚至还因此获得了诺贝尔奖。我想建议给富兰克林追授这份她应得的身后名，但是，对多年以来因此享有盛誉的卑鄙的沃森、克里克

---

[1] 美国遗传学家，因发现转座子于1983年获得诺贝尔生理学或医学奖，是首位单独获得该奖的女科学家。
[2] 意大利神经生物学家，1986年与其同事史丹利·科恩共同获得诺贝尔生理学或医学奖。

和威尔金斯，我们又该如何处理呢？

考虑到这么多格外伟大的女性都被剥夺了名誉，我一直是幸运的。我有一份工作，我还保住了它。我认识许多成就非凡的女性，她们从一开始就没有被聘为教授，她们的合同也没有续约，又或者她们只被允许做些只有微薄酬劳的助手工作，没有任何的稳定性和保障福利可言。我还认识一些才华横溢、勤勉努力的女性主义者，她们的待遇更糟糕——早在经济衰退／萧条之前，她们就遭到了各自执教的大学的处分、压制、减薪、骚扰，甚至直接被解雇。

我在这里要描述的事情，发生在许多激进女性主义者身上。她们足够幸运，能在过去的三十年里拥有一份大学教职。

1969年至1970年间，我教授过首批获得国家认可的女性研究课程，并继续与人共同创办了美国首批女性研究项目。在当时，我是我们心理学系唯一的女性教职工。但一年之内，我就成功游说我的全男性同事们雇用了七名（资质超群的）女性，当时共有十个可供申请的教职岗位。

女性占学生总数的百分之五十五以上，而教职工中女性的占比却不到百分之十五，总体而言，这并不重要。因为，在我生活的那个时代，在从前全是男性的领域里，能接纳一位女性就足够了。两位女性？那是强行接管。七位女性？那完全是一场血腥的战斗。我并不知道这一点，也没有人这么警告过我，但即使他们说过，我可能还是会做同样的事情，不过我会为这场战斗做好更充足的准备，那样，在我的行动招致无休止的打击报复时，我可能就不会那么惊讶了。事实上，早期我也曾参与过女性针对学校的集体诉讼，指控我们的大学无所作为、不帮助我们。我曾经采取的每一个原则性行动，都掣肘和损害了我的学术生涯发展。

你要知道，你可能也会因为反击受到惩罚，无论你是独自行动还是与他人一起。但你也要知道，如果你能坚持下去，你可能会改善未来几代人的命运。

我热爱教学，也热爱我的学生。我怀着满腔热情和奉献精神在授课。我会像朋友一样和我的学生们"四处闲逛"，请他们喝咖啡，就像他们是在牛津或剑桥念书，不是在工人阶级的公立大学一样。那些在学校对我有管理权的人，不时指责我在校外加班授课，他们还口头威胁我，说我再这么做就会遭到他们的曝光并被校方开除教职。

到了1972年，某些同事、行政管理人员以及一些道听途说、消息灵通的学生，都开始定期对我提出指控，说我仇男，说我使用"露骨"的性暗示语言，说我强迫我的学生阅读一些与课程无关的女性主义作品，还说我不够"热爱"我的学生（也许是没有以他们认为的一位好母亲应该有的那种方式去爱学生吧）。一个老师，怎么能这个样子呢？他们如此推断。而实际上，我一直都在好好教书，在校内教，也在校外教，还在广播上宣讲，也不断有文章发表见刊！

这些指控以及围绕这些指控四起的谣言，在我的整个学术生涯中从未止息。我任何学术上的成就，都没有这些谣言来得更有分量，人们谣传，我曾经因为犯事——不管那是指什么事——被人控告过（事实是，我从未受审，也从未被定罪）。

于是，这就是我们努力做的事情——开始在他们的校园里制定女性主义色彩浓厚的议程事项；就这样，我们在那里发起了行动——在专业领域创立由女性组成的核心干部会议并定期开会参与，协调宣传演讲，参加电视媒体竞相报道的示威游行，在各大报纸上被人们争相引用，在各种学术会议上宣读论文，采取多样化教学方式教授我们的学生（我认为，这种教学方式效果更好）。每一位女性主义的先驱学者，都是引起全国轰动的这场女性主义运动的地方象征。父权制的权力既害怕我们，又憎恨我们，也采取了相应的打击行动。

有十来年时间,激进女性主义者在校园、电视、出版业、立法小组委员会中都非常受欢迎,但她们主要被当作"会跳舞的狗"看待。早期吹起号角的大多数先驱者,也都未能得到最好的学术职位。这些最好的工作职位一般都先被分配给了更加年轻的白人男性,然后再分给了一些非激进或反女性主义的女性,以及有色人种。

就我个人而言,我花了二十二年时间才晋升为正教授。而我的那些男同事,他们发表的文章要少得多,却通常能在十年之内就晋升为正教授。多年以来,那些一直在投票反对我晋升的同事总会说:"但你只是发表了一些关于女性的东西!这根本不算学术成果。"又或者:"你发表得也太多了。"我花了二十八年多的时间才被允许在我执教的大学里指导研究生。

约翰·德莫斯在《取悦撒旦》一书中研究了塞勒姆女巫审判案,他指出,人们——主要但又不仅限于女性——被当作女巫或巫师被逮捕、审判、折磨和杀害,不是因为他们是女巫或巫师,而是因为宗教法庭的审判官能够借此铲除这些人,这些受害者都是易受攻击的人。

那些被指控行使巫术的人,并没有真的去"取悦撒旦"；犹太人并没有造成德国的经济下滑悲剧；穆斯林和克罗地亚的波斯尼亚人没有准备消灭塞尔维亚人；卢旺达的图西族人也没有准备屠戮胡图族人。虚假的宣传总能轻而易举地激起人们心中几乎未曾被压制的仇恨，剩下的，就只有悲剧。

即使经过了三十多年的抗争与奋斗，我和许多激进女性主义者一样，仍旧没有多少制度性的权力可言。没有它的话，我们所知道的东西，就会随着我们的老死而永远消逝。我们的书籍不会一直加印，无法为我们完成这项工作；即便它们能，通常也只会在一些女性研究的课上被教授。女性主义著作通常不是每个人都被要求必读的书籍。我们中的大多数人，也没有受邀到各大校园发表毕业典礼演讲，或是获得大学的各类荣誉学位。

今天，许多学生——包括年轻的女性主义者——并不熟悉第一波和第二波女性主义浪潮中的女性主义经典书目。有人说，现在的年轻人都愤世嫉俗，对理想化的激进主义不感兴趣。我不同意，现在的年轻人，除非他们的父母或哥哥姐姐是积极的女性主义者，否则，他们都没什么机会看到女性主义者像呼吸一样自然地、一遍又一遍地做着这些事情——至少，在学校和真实的父权制现实中不会有太多这样的机会。这真是一个可怕的损失。对我来说，对你们来说，都是如此。

女性主义的工作，即便它是胆大无畏和开拓创新的，也很容易就从我们女性集体的指尖悄然滑落，沦为一种僵死的存在。我知道一些女性主义作家的作品后来彻底改变了世界，但多年以来都很难找到愿意发表其作品的出版商。我还知道有的大学会教授一些女性主义者的作品，但却永远不会聘请写出这些作品的女性主义者为教授。十年之间，我们就见证了我们一些最伟大的女性主义思想被人肆意扭曲，然后"消失不见"。到了20世纪80年代初，我们最优秀的那些旨在提升意识的宣传小册子和街头巷尾的演讲，都被人们彻底遗忘了，它们被大量反攻倒算的媒体宣传和有时佶屈聱牙、不堪卒读的学术论文所掩埋。

甚至就在我写下这些的时候，女性——我们的人类同胞——正在慢慢死去，而我坐在这里，还在谈论着即将绝版的女性主义书籍！我怎敢有所抱怨呢？幸而，这些女性主义的伟大构想家并没有尽数死去——尽管有些人已经故去了；她们也不全是无家可归者——尽管有些人的确一直流离失所；她们没有全都锒铛入狱——尽管有些人确实被人投进了监狱。也许，她们无法再继续从事她们的女性主义事业了，但至少，她们没有自暴自弃地躺平、停止靠自己的双手谋生——尽管她们中有些人不得不这样做。

最终，我所在大学的女性团体赢得了我们发起的集体诉讼。一名法官判决我们的大学歧视女性，但这起诉讼总耗时超过十八年，因而，这种补救措施充其量只是象征性的。等到诉讼最终解决，这一女性团体中的许多人也已经不在人世，即便在的话，她们也选择了继续生活，或是领着缩水的退休金退休，或是生病抱恙，放弃了治疗。没有人能够恢复她们多年来失去的生产力、创造力和在同龄人中的社会地位。

我并不是说集体诉讼是在浪费时间。我想表达的意思恰好相反。然而，最近，联邦政府的一些作为让这类诉讼更难以提起（他们似乎也意识到了集体行动的力量）。如果没有正在进展中的集体诉讼，我很怀疑，我们中的许多人能否承受住工作中持续不断的侮辱和不公行为。如果没有诉讼，一个接一个地，我们每个人都会被孤立、羞辱、威胁并解雇。如果我们试图以个人的名义发表声明，我们的指控很可能会被误导为疯狂或吹毛求疵的女性行为，被人置之不理。如果我们不能共同战斗，那我们下一代的女性主义学者，将永远无法在学术界找到哪怕一丁点儿的立足之地。

像身处地狱那样酣战吧，改变现在的教育体制。

但是，你还必须创建自己的项目，也必须建立自己的学校。即使你开的那所替代"厨房－餐桌"的学校没能维持下去（也有少数学校能坚持下去），你也会有一份美好的回忆并获得宝贵的经验与智慧，而且，你至少也躬身培养过那么一代或两代人。

身为一名女性学者，我比那些一开始就在蓝领阶层——从前蓝领都是男性——权力堡垒中工作的女性幸运得多：她们是消防员、警察和电工。作为学者，我们（只是）会受到一点口头恫吓，被排斥孤立，不能因为我们的成就获得应有的奖励。虽然我们中也有人受到过性骚扰，并且在我们采取法律途径控诉这份"悲伤"时再次沦为受害者，但是，我们很少有人会遭到来自同事的殴打、被用燃烧弹袭击、被强奸，或是故意被暴露在有害身体的险境之中，他们也没有试图要把我们赶出大学这个之前的全男子俱乐部。

在明尼苏达州埃弗莱斯为奥格贝·诺顿公司工作的那些女矿工可就没有这么幸运了。从1975年开始，这些女性就遭受着仇视她们，并且充满身体暴力和性暴力的作业环境。在一场目前正进行得如火如荼的女性集体诉讼中，至少有十九名女矿工集体指控，说她们曾多次受到严重的性骚扰：一名男矿工向一名女矿工的衣物柜里射精；另一名有露阴癖的男矿工公然裸露着猥亵另一名女同事，然后强行闯入她的房间，并试图"拥抱她"；第三名男性用刀砍向了一名女同事的大腿；第四名男性扼住了一名女性的脖子，差点勒死她；第五名男性用一根巨大的假阳具对一位女性进行身体猥亵和恐吓；第六名男性则扬言威胁要杀死一名被他称作"小婊子"的女人，"把她丢进矿场中心的垃圾处理箱里"（事实上，她差点被压成齑粉）。所有这些女矿工经常在家中和工作场所被人跟踪，被人叫作"母狗"，遭受各种带有性侮辱的墙壁涂鸦。矿场的人事主任办公室门外张贴着一张告示，上面写着："性骚扰不会被公报。但是，我们会对性骚扰进行分级。"矿场的工会也拒绝干预。这些女性提起了诉讼。

这些女性花了数年的时间，才正式拥有她们作为集体共同提起诉讼的权利（之前已经有过集体诉讼的先例），而且，这还是在奥格贝·诺顿被裁定须对女矿工的损害承担法律责任之前好多年。然后，这些埃弗莱斯的女性也接受了法庭的审判。她们的心理和妇科问诊记录，包括过去的堕胎记录和遭到强奸的信息等等，都被作为证据呈上。在诉讼进行的过程中，这些女性遭到了她们邻居的孤立与排斥。迄今为止，有一名女性已经死亡，另有四名女性退出了诉讼。也许受审讯的压力太大了，让人无法忍受。

到了1996年，这些女性经受折磨二十多年后，一名法官判定给女矿工一定的经济赔偿金，但它们的数额是如此之少，以至于她们又对该判决提起了上诉。

也许你没打算成为一名矿工。也许你已经在学习如何成为一名律师、一名股票经纪人、一名兽医或是一名飞行员。但不管怎么说，重要的一点是要记住，在埃弗莱斯发生的事是大多数美国女性仍屈从的现状，在她们努力赚钱养活自己和家人时。

屈从和温顺是无法保护你免受这场战争中的不公对待的。没有什么能。但精准地行动并团结一致，会使你拥有反击的能力——并且，无论发生什么事，都能使你保持理智。

我年轻的时候曾经非常天真。我以为我可以因为我做的女性主义工作，在父权制的桌子上谋得一个荣誉席位。我是愚蠢的，但它也是人之常情。我花了很长时间才明白，女性——包括我自己在内——在很长一段时间内还将继续受到压迫，不论某个女性个体是多么闪耀、多么杰出。正如亚里士多德曾经写过的那样："当能力卓越且功绩首屈一指的人，受到那些自己享受着最高荣誉的人不名誉、不公正的对待时，革命也会发生。"

亚里士多德所言极是。

不要试图去赢得对手的赞许，而是要去与之抗争并赢得胜利。虽然坚持自己的立场很重要，但习惯于只用一种立场看问题也是危险的。我已经习惯了遭到人们的强烈反对，以至于到了今天，要是有太多人同意我的观点，我反而会感到大为惊讶，甚至有点困惑与不适。"是我输了吗？"每一次，我都会这样问自己。最近，一位年轻的记者采访了我。在我回答他提问的过程中，他停顿了一下，非常温柔地靠近我，拉着我的胳膊，直接对我说："菲利斯，我们和你在一起。你不必再从头开始这项女性主义事业。我们都和你在一起。"

第八封信

——

关于姐妹情谊的女性主义神话

Letter Eight

没有女性主义的朋友和同志，你既不能站稳脚跟，也不能大步前行。

珍惜你拥有的朋友和同志。如果可以的话，明智地选择他们。人们往往对朋友有一种类似家人的忠诚，即便他们是最为恶毒的厌女者。女性主义者有时也会这样。

我这一代的女性主义者，以一些前所未有或人们无法想象的方式彼此激励。我们携手并进，兴高采烈地参与到女性意识的巨大信仰飞跃中来。我们中的许多人都对我们那套欣喜若狂的说辞深信不疑，即我们都是"姐妹"。我当然也相信这一点。我们了解女性在情感亲密方面对彼此有多么重要。我们也开始逐渐明白我们还需要鼓励其他女性，让她们不惧大胆和叛逆——部分方式就是通过我们自己也成长为这样的人。

有时候，我们在这方面会取得成功；但更多时候，我们失败了。

这一任务仍有待完成。

我对其他女性主义者总是期望过多——我们都这

样——最为普通的失望也会被视为重大的背叛。我们对男人则期待甚少，也更容易原谅他们，当男人叫我们失望时，我们会一次又一次地原谅他们。我们对其他女性的期望要多得多，而自相矛盾的是，与男性相比，她们拥有的可分享的东西（权力）要少得多。我们还会以我们不敢用来反抗男人的方式对其他女性怀恨在心。我们有时意识不到这一点。

注意这种未及言明的双重标准。试着做得比我们这代人更加一视同仁。

身为一名女性主义女性，我们都知道，要是没有姐妹情谊，我们注定会失败，所以我们公开宣扬姐妹情谊，即便在它缺席的地方。我们希望通过口头宣扬的方式将其变为存在的现实，而不是悉心培养和灌溉它。我们不明白我们热切宣扬的姐妹情谊，就像兄弟情谊一样，只是一种美好的理想，还没有变成一种现实，我们必须滋养和照料它，日复一日，不畏艰难险阻。

作为个人，我认识的大多数女性都无法"像爱自己那样去爱我们的姐妹"。我们甚至都不够爱惜自己。

那些反对女性主义的女性也是这样。

女性比男性更"平和"或"富有同情心"是一种神话。和男性一样，女性对其他女性也十分苛刻。也像其他所有人一样，我这一代的女性主义者并没有自发地信任或尊重女性。我们认为我们应该做到。我们说我们这样做了。然而,我们需要假装我们没有像人类中的其他群体那样仇恨女性,这十分不幸。

弗朗茨·法农[1]和詹姆斯·鲍德温[2]都写过在被殖民的非洲人和非裔美国人内部的肤色偏见;阿尔伯特·梅米[3]和普里莫·莱维[4]也写过犹太人中的反犹主义。但我这一代的女性主义者,却对女性内部,包括一些女性主义者内部的厌女问题出奇地缄默。

1980年,当我第一次告诉友人我已经开始就这个主题采访女性时,他们大多数人都不赞成。一位女性主义领袖这样告诉我:"我最好的朋友有一些是女性。"(是的,这是她的原话。)另一位领袖人物则表示:"我和我妈妈的关系一直都很好,所以你说的那些不可能是真的。"第三位领袖人物对我说:"男人会用这个来对付我们,所以你最好不要发表关于此事的任何东西。"第四个人则颇为担忧地问我:"你是准备

---

1 法国作家、革命家,代表作有《黑皮肤,白面具》《全世界受苦的人》等。
2 非裔美国作家、社会活动家,代表作有《村子里的陌生人》《下一次将是烈火》等。
3 突尼斯裔法国作家、社会学家,代表作有《殖民者与被殖民者》等。
4 犹太裔意大利化学家、小说家,奥斯威辛幸存者,代表作有《被淹没与被拯救的》《这是不是个人》等。

要点名了吗？"

"点名？那我还不如每年都出版一本电话号码簿得了。"我回答道。

在接下来的十年之内——是的，它竟花了这么长时间——还是这些女性主义者，反复询问我，我的研究进展到哪里了，说她们／我们都很需要它。

我这一代的女性主义者，似乎在某天清晨突然就心理觉醒了，或者看起来是这样的，好像从最初的"正面抨击"中一下恢复了意识一般。和从父亲宙斯的头中蹦出来的雅典娜一样，我们也很想体验一下没有母亲的"女儿"是何种滋味。

我们是由一大群女性组成的"姐妹"。尽管我们生理年龄不等，但心理上，我们生活在同龄人的世界之中。我们都与过去的传统密切相连，除此之外，我们不知道还能有什么方法可以与过去决裂。我们中间也没有活着的"母亲"为我们指引。自然，现实生活中，我们中的一些人本就为人母，另一些人也深深爱着我们的亲生母亲，但当我们携手踏上历史舞台时，我们主要是作为没有母亲的女儿、姐妹、兄弟手足的竞争对手登场的。

从心理学的角度来讲，我们犯下了弑母罪——弗洛伊德所说的儿子会对父亲犯下的弑父行为的对应。

当然，弗洛伊德还是说错了，因为现实是相反的：是父亲"杀死了"儿子，尽管有些儿子仍然渴望着得到父亲的爱，并会因为这种父爱的缺失怪罪他们的母亲，拿她们做替罪羔羊。

大多数女性主义的"女儿"并没有注意到我们做了什么，也不明白我们为什么要这样做。我们中的许多人仍相当激烈地矢口否认这一事实。直至今日，我这一代的女性主义者中，仍有一些非常杰出的女性在以"复活的女儿"的声音说话，而不是以"母亲-师者"的声音教导后人。

私下里，我们仍以大多数女性都会采取的那种方式对待其他女性：我们嫉妒、相互竞争、恐惧彼此，也对其他女性抱着矛盾态度；当然，我们也热爱并需要她们。我这一代的女性主义者打倒了我们的领袖。于是，那些真正擅长这一点的女性主义者，便成了我们的领袖。

我也看到女性主义者在对彼此做那些反女性主义者做的事情：勾引彼此的男朋友或女朋友、无休止地进行对抗，或者，更令人抓狂的是，拒绝直言不讳地敞开说话，背地里肆意破坏彼此的名声，还拒不承认，并将一些私人对抗转变成"政治上"的问题，进而要求每个人都必须选择立场站队，否则就自动被归为双方阵营共同的敌人。

典型的校园联谊会行为——毫无革命性可言。一次又一次地，女性主义者会选择支持某位女性（不是某种原则）而不是另一位女性，而一旦她们这样做了，往往也无法让她们所选择的姐妹遵守任何道德或政治上的标准。如果你的姐妹抄袭别人的劳动成果——那又如何呢？如果她谎话连篇——谁会介意呢？如果她做了不道德和违法的行为——姐妹情谊不就是要彼此掩护吗？

我看到女性主义者窃取彼此的劳动成果、金钱、工作、配偶，还互相殴打、结下梁子、老死不相往来，甚至会将其他女性主义者举报给警方。我还看到有些女性主义者直接拒绝支付或严重克扣自己女员工的报酬，还有，她们有时像对待蠢蛋、奴隶或仆从一样对待自己的"粉丝小团体"。我还听说，有些女性主义心理疗愈师经常会与患者发生性关系——对此，我持原则性的反对立场，但是，其他人通常需要花费数年时间才会去抵制这一点。我看到有些女性主义者会煽动人们背后嚼舌根，诽谤他人，只是为了破坏彼此在社会和职业上的声誉。通常而言，这样做的女性也都曾彼此关爱并互相钦佩。最终，那些原本在自己的事业圈中很有名望的女性主义者，会一个接一个地消失不见——至少看起来是这样的。更多的情况是，她被从受邀客人名单中删除了，而且从来也没被告知过原因。也许是有人认为她太漂亮了，太怒气冲冲了，有着不正确的肤色或来自错误的阶层，太过直言不讳，行为难以捉摸；也许是她睡错了人，或是拒绝和"对"的人上床，又或者是她选择了错误的阵营。

我们的父权制男性对手一般会使用暴力和枪支来铲除他们的竞争对手。女性主义者有时在心理上达到这一目标，只消三言两语。

尽管我们渴望拥有姐妹情谊，但我们只是开启了这个进程；至于完成这一任务，我们失败了。

也并非只在女性主义者中才有这种现象；这种行为是所有受压迫群体的典型特征。因此，你必须慷慨大度地行事，不要嫉妒成性。学着尊重其他的女性主义者：那些给别人带去光和热的人，以及那些被她们的光和热所温暖的人。不要孤立排斥那些拒绝向某一阵营折腰的女性，也不要拒绝那些为了某一派甘愿牺牲自己性命的女性。记住：女性正在反击，这就足以令人惊叹了，因为我们总被教导不应该这样做。尊重其他的女性主义者，但不要崇拜她们。学会辨别邪教并知道如何远离它。

例如，我们中的一些人会尊敬，而不是自己成为那些我们最为钦佩的女性。有时我们会发现自己被某个虐待其他女性的女性主义者吸引。我们相信她所从事的工作，并希望能沐浴在她的名望或思想之光中；作为女性，我们习惯于通过与他人的关系获得附属的荣耀。也许我们也是在希望，如果我们热爱并服务好这位"伟大的女性"足够长的时间，她终会变成我们所渴望拥有的那类母亲/姐妹/女儿。

如果她没有，我们会假装她这样做了，或者让她在其他方面付出代价（追星族总是会扯平的）。总之，我们会利用与她的关系让其他女性敬畏我们。

尽量不要重复这个错误。无论如何，向你的女性导师学习，支持她，但不要认为你可以通过她实现你自己的生活。这样做毫无助益。不要认为她在你的帮助下完成的事情是你完成的。它部分是，但的确不是。此外，如果她不尊重你，就离开。

尊敬一个只会虐待你的人是十分危险的，而相信这种虐待是你对女性主义事业的贡献则是愚不可及的。谨防一头热地盲目崇拜他人，无论他们是男性还是女性，即便他们有着非凡的魅力和横溢的才华。接近一位伟大的领导者，不如**成为**一名伟大的领导者那般重要。

虽然我鼓励你成为至少一个领域的领导者，但我想要明确一点：成为团队中的一员也并不丢人。一位真正的女性主义者必须学会做好这两件事。不是二者择其一，而是两者都做好。

心理上弑母的女性主义者和自立门派的邪教女性主义者并不相互排斥。围绕贫困、受伤害的女性建立起来的邪教女性主义者有能力摧毁那些不那么贫困和受伤害较小的女性。团体中的女性经常会试图破坏女性的自发性和力量；团体中的男性则试图摧毁被视为软弱的男性。

女性的力量既包括高等教育赋予的技能，也可以是街头智慧；既可以来自钱财富足，也可以是赤贫如洗；既包括富有表现力的个人风格，也包括谨小慎微、审慎明辨的个人风格。慷慨大度是一种力量。我们之中的"女儿"常常会把一位天资聪颖、慷慨大方的女性视为一种天然的可取用资源。我们利用她就像我们压榨地球一样，而当井中之水已见底时，我们则会丢弃她于不顾，继续寻找下一处井眼。

这就是母亲们常常遭到抛弃的方式。我承认，我也是这样丢弃我母亲的。

注意我这一代人错得最离谱的一个假设，也即，完成一项伟大的任务不需要任何特殊的技能。

它需要技能——而且，你必须培养这些技能，以便完成你的伟大任务。然而，并不是每一个人都能——或者需要——拥有同样的技能。

和其他无权无势的群体一样，我这一代的女性主义者发现，口头上对抗和羞辱另一位女性主义者，比以男性的方式从身体上对抗父权制权力更容易。

身为女性，我们一直被教导说，女性对控制、安抚暴力的男性以及维护家庭的安宁与联结负有责任。因此，许多女性在与家庭断开联系时，会感到很不适——即便这些女性是在与向她们施虐的家暴者断开联系。身为女性，我们所接受的教育，是我们可以间接、私下、口头反对与我们有亲密关系的男性。但我们没被教导过公开、直接地与某位跟我们有亲密关系的男性对抗——这也是我们通常在离婚和监护权之争中会失去一切的众多原因之一。

身为女性，我们没被训练过公开与非亲密关系的男性抗争。与其他女性或儿童抗争是性别适宜的，与男性抗争则不是。

我们是女性主义者，但这并不意味着我们超越了性别代码。

我们互称"姐妹"。因此，除了真正的政治立场上的分歧，我们对女性之间发生的事情没有任何可以用来表达的词汇。怨恨不断地累积，随后爆发为不针对任何人的情感宣泄洪流。最终，女性主义者之间也的确开始就我们的种族主义、恐同症、反犹主义，甚至是阶级主义——一个在美国真正难以言及的问题——相互对抗敌视。于是，人们血脉偾张，脾气上头，心灵破碎。然后，通常的情况就是我们再也没说过话，老死不相往来。也不存在一个安全的空间，能用来谈论我们施加于彼此身上的事情。

请记住，要始终创造安全的空间，探讨女性主义者自身是如何内化了父权制的。

从事女性主义的工作也并不能满足你心理或经济上的一切需求。如果某些运动的团队成员主要是出于自我疗愈或职业发展的原因才聚在一起，那么，这些运动也就不会得到蓬勃发展。你有责任不让你受伤的自我阻挡你战士的自我。

因此，不要弱化也不要否认压迫的存在和它造成的后果，这很重要。我这一代的女性主义者中，有些人就是这么做的：她们坚持认为，"敌人"主要来自"外部"，而永远不会在组织内部。但我们内部也有很多自我沉溺的钻牛角尖的人，她们会否认所有存在的政治现实，并坚持认为，只要她们个人"感觉到"自由，那么，我们就都是自由的。

我想让你记住的是：压迫是真实的。记住这一点将会很有用。虐待，尤其是性虐待，会使人士气低落，心理残疾，并诱发自我憎恨，甚至是自我毁灭。遭受创伤这件事本身并不一定会使一个人成为高贵之人或是富有成效之士。有些人能够超越它，化创伤为力量；另外一些人则不能。一些遭受过强奸和家暴的受害者，想要获得女性主义者的支持和建议；也有一些人不需要。有些女性想自救；另一些人则因受害太甚，无法参与到对自己的拯救计划中来。

在我生活的那个年代，我看到许多优秀的女性主义者也会行为不当：有些女性主义者觉得到处都是敌人，即便有些地方根本就不存在敌人；有些女性主义者表现得好像她们是上帝的先知一样；有些女性主义者将自己看作"孤苦无助"的受害者，而非复仇的女施虐狂。我们都是人类，凡人皆有缺陷，和那些反女性主义者一样。重要的是要了解，那些非凡的领导者和同志，也可能是极度脆弱、有局限、受过伤、疯狂、邪恶、专横、过分敏感的——在人际交往方面有许多障碍，无法与人合作或交友。

因此，必须尽量不将他人的行为与他们鼓舞人心的想法混为一谈。

如果你曾经遭受过创伤，告诉你信任或与你共事的人你的脆弱和局限所在很重要。说自己需要深夜一个人独自回家所以不能去开会，或是你不能乘坐电梯，或是害怕过桥和隧道、有恐慌症等都没有什么好难为情的。你不必与人分享你恐惧的具体原因：你曾被人强奸，你是一个被丈夫家暴的女人，孩童时期你的父母酗酒，你是一场事故的受害者，等等。说出你的需要，以便更好地工作，以免最后听起来像这样："要不是你总在我公寓（或附近我朋友的公寓）和我见面游说，我是不会成为这个委员会的成员的。"

至关重要的是承认自己在心理方面存在问题——至少向你自己承认。尽量不要羞辱、利用他人，也不要背后说人坏话、疏远他人，因为那样的话，你也会受到伤害。尽管你曾遭受过创伤，也尽量不要用这个事实作为你（哪怕是无意识地）伤害他人的原因或理由。

你会犯下可怕的错误，承认它们。领导者也会让你失望，要做好准备。

领导者并不总是一位导师；导师也不是掌管"女同学关系网"的精灵女神妈妈。我们没有"女同学关系网"，至少目前还没有。你必须知道这一点，而不是假装存在这样一个社交网络，只是它目前一直对你遁形不见。我们拥有的只是需要**同心协力**完成的艰苦的工作。有时，某位女性恰好与某位合适的男性结了婚，又或者，她恰巧出生在一个合宜的家庭之中，于是，这位女性可能会选择利用她的资源资助某个门生或是某项事业。这很好。但它并不是一个"女同学关系网"。

年轻的女性主义者经常谈论导师，仿佛没有导师就无法继续前行。

你可以的。我们就做到了。

在我看来，导师既不是一位能施与一切的母亲，也不是一位自我感觉良好的女神。导师不是最终的权威，你也不是卑微下贱的苦役。你能带给导师的东西也十分重要。双方互惠才是王道。

另外，请记住：一个先驱者，是一个与过去决裂之人。她不那么容易受人教导——她也不该如此——因为她从不会盲从任何权威。比起朋友，导师更像是一位母亲，但比之母亲，导师可能又更像一位助产士[1]。

---

1 苏格拉底的助产士之譬喻，指导师不直接传授学生知识，而是通过发问、启迪等方式将知识"接生"出来。

第九封信

自爱与团队精神

Letter Nine

在我们这一代人中,最为激进的女性主义者并不总是能够彼此友善相待,她们甚至最不文明地对待彼此。在我们匆匆奔向自由的过程中,我们尽可能多地甩掉了我们身上的"女性气质"。我们没有时间漫话闲聊;我们需要将所有可用的时间都投入到工作中。这意味着,除非我们本就经济独立且富有,并且还能雇用人手(有些女性的确会雇用家政人员),否则,我们将不会再为别人洗手作羹汤,或者是花太多时间来"聆听"他人的教导。有时候,即便是简单的礼仪上的小细节——比如,互相介绍女性相识,或是对人礼貌地说句谢谢——也远远超出了我们的能力范围(或被我们抛诸脑后)。

我们傲慢且执迷,我们不得不如此,但从长远利益来看,这种行为十分不妥,因为礼貌和善良十分重要。

那我是在说,女性永远不应该提高嗓门大声说话,即便在激烈的酣战中也不可如此吗?不,我并不是这个意思。

我不想要一个在战斗中为我打掩护的"好"姑娘(或小伙)——我想要一个能顺利完成工作的人。在战斗中，人们无疑会大喊大叫、诅咒谩骂、互相侮辱。

你必须找到方法，在不摧毁彼此的情况下不同意对方的观点，继续前行。作为一名女性主义者，你需要弄清楚如何鼓励，而不是摧毁你的同志。男性会遵循一套建立在运动和商务基础上的规则。女性通常不会。

虽然男性自身是其他男性的头号杀手，矛盾的是，男性也是擅长结交朋友的社交天才。其中一个原因，可能是男性在成长的早期，有大量的团队运动合作经历，无论是作为队员，还是狂热的观众。

在我看来，无论是过去还是现在，在众多参与比赛的女性选手中，人们往往只会挑选出一位女性，而大多数女性也都对此习以为常了：只有一位美国小姐，一次只能娶一位妻子，也只有一位返校节女王。而男性——以及那些参加了历来被认为仅限男性参与的团体运动的女性——则习惯了在团队协作中体验个人胜利的滋味。因此，比起女性，更多的男性在心理上准备好了作为团队中的一员和与他们同性别的其他团队竞争。很多时候，无论输赢，男性运动员很快就会卸下他们在竞技场上的针锋相对，输赢两队的人都能愉快地在一起喝上一杯，并允诺改天再来一局。

被社会化的"女性"往往会怀恨在心，或者如果觉得自己可能会输，就拒绝再次比赛。女性往往不会选择最强的女性加入她们的"姐妹会";她们不明白,那位女性的力量会成为她们的力量,而不是对抗她们(出于同样的原因,男性通常会从他们团队中剔除最弱势的男性)。与女性不同,男性通常可以在一天工作结束之际径直走开,不会因为工作中发生的事情觉得自尊受损或有失身份。

女性运动员经常会发展出某些特定的心理特征。

参加竞技团队体育运动的女性在小时候就明白了一个道理,即一个人是无法独自获胜的;事实上,为了你和你所在的团队,你必须变得坚定自信,甚至主动出击、带有侵略性。团队中的女性知道,为了竞争金牌而正面对抗是可取的;这些女性也知道,如果某天输了比赛,你也死不了,因为比赛还远没有结束,你大可以在第二天赢回比赛;此外,摔倒、碰伤、弄脏,也不会置你于死地。

在更衣室更衣的女性会知道,女人的身体千姿百态,各种体形都是美丽的。事实上,让自己的身体变得强壮,感受到自己身体的力量,可以转化成生活中其他领域里的信心和力量。但仅仅变得身强体壮还不够。体操运动员和芭蕾舞舞者也都很强健,但他们通常患有饮食失调症。一些研究表明,非团队协作的运动员要比团队协作的运动员更容易患上饮食失调症。

更为重要的是，研究还表明，女性运动员和男性运动员都具有高度的亲和力，在需要快速做出决定时，他们感到的压力和挫败感也相对较小。

运动员还有一些其他"美德"，女性可以将其应用在生活中：

- 为了团队夺球、而非仅为了博取个人关注而使手腕；
- 好好感受一番自己的强壮身体，它既能主动攻击又能防御抵抗；
- 团队协作，朝共同的目标迈进；
- 团队的利益优先于——而不是否定——每位运动员的个人利益；
- 感受自己作为比个人，或比自己只与另一人融为一体更宏大的一部分存在；
- 享受与汗流浃背的身体有一种与性无关的联结，摆脱将我们与彼此分隔开的普通且日常的障碍；
- 欣赏一个人的身体可以做到哪些事，而不是只欣赏它的外表。

像尊重自己一样尊重你的姐妹很重要。你不必爱她，甚至不必喜欢她。你也不必变得和她一样。

我们的优势在于多样性，而不是一致性。重要的一点，是要给下一位女性一些宽容，让她有从怀疑中受益的机会，直到她以一种主要方式不止一次地证明你错了。即便是在这种时候，如果你们有一场共同的战斗需要并肩作战，你们可能仍需要一起找到方法，共同战斗。

为了做到这一点，我们必须十分尊重和爱护自己。

如果我们不够强大，那么，我们提供的帮助也是微乎其微的。如果我们不够强大，甚至都无法照顾好自己，也就没有人能够真正帮到我们。例如，我们每个女性主义者都有责任阻止针对妇女和儿童的暴力。我不是在建议成立非法的私人复仇队，我是在建议，女性主义者要开始理解——真正地理解——一件事，即除了我们，没有人能将妇女和儿童从暴力的魔爪中拯救出来。目前，我们还不知道该怎么去做。我们最好现在就开始思考它。

鉴于无论在战争年代还是和平时期，强奸都十分普遍，我们为何不教女性从防御战略上思考如何自卫呢？

因而，我恳请你让你年轻的女儿和儿子一起参加竞技性的团队运动——当然，不能违背他们的个人意愿，只有在他们看起来也喜欢这类运动的情况下才这样做;这样做主要不是为了你,而是为了他们的利益考虑。

早早给你年幼的女儿报名参加自卫课程。

给你自己报名参加我称之为勇士基础训练课的课程,无论你现在多大。这永远都不晚。

第十封信

——

有原则,不从众

Letter Ten

我从来不会因为某位女性是我的朋友，或者仅仅因为她和我非常相似，就为她的困境或案例醉心劳力。为自己的原则行动和为自己的家人、朋友行动不同；它们的回馈不同。为自己的原则行动得到的不是传统的（女性）回馈，被人喜欢或受欢迎。这些回馈是非个人的，也是永恒的；它们永远回响，经久不息。

如果你发现自己被通常敌对的两个团体共同反对（或是得不到它们的强力支持）——你可能正从事着激进的女性主义工作。要知道，你也可能被你所在团体内部的人批评。你必须学会不让它阻碍你。例如，1987年，我被卷入了"婴儿M"案（Baby M）[1]的代孕监护权之争。当时，许多自由主义者——他们之中既有女性主义者，也有典型的父权制男族长——都没

---

[1] 1984年3月，家住新泽西州的玛丽·贝丝·怀特黑德看到报纸上刊登的代孕广告，1985年2月，在与比尔·斯特恩夫妇协商后，玛丽·贝丝与他们签署代孕合同，玛丽接受比尔的精子人工授精，在孩子出生后放弃对孩子的监护权和抚养权，比尔·斯特恩夫妇则支付给玛丽·贝丝夫妇一万美元作为酬劳。1986年3月，玛丽产下一名女婴，拒绝将孩子交给比尔·斯特恩夫妇，比尔·斯特恩夫妇向法院提起诉讼。法庭为了保护婴儿隐私，将婴儿称为"婴儿M"。这就是轰动美国的"婴儿M"案。——编者注

有将"婴儿 M"的生母玛丽·贝丝·怀特黑德视为一名当之无愧的英雄。

玛丽·贝丝是一位长年居家的工人阶级全职妈妈。她没有一份高社会地位的事业；她的丈夫是一名越战老兵，如今是一名环卫工人。对一些人来说，这就让他们比起此次代孕事件中精子的捐赠者比尔·斯特恩博士和他的医学博士妻子贝齐·斯特恩来说，是不那么有优势的父母。在我看来，如果玛丽·贝丝拒绝交出代孕女儿的权利受到侵犯，那么，其他女性的权利也将不可避免地受到侵犯。

玛丽·贝丝·怀特黑德对**女性主义者**站出来为她示威颇为惊讶。那时新闻界的记者之王——已故的伟大记者默里·肯普顿居然跑过来和我握手，说："想不到你也来了！这真是个出乎意料的景象。"

很多女性主义者并不支持诺玛·琼·麦科维（"罗伊诉韦德案"[1]中的"罗伊"），或洛雷娜·博比特——

---

[1] 1969 年，得克萨斯州女子诺玛·琼·麦科维意外怀孕，她处境艰难，不具备抚养孩子的能力，而在她生活的得克萨斯州，堕胎是非法行为。1970 年，诺玛·琼·麦科维化名简·罗伊，起诉得克萨斯州达拉斯县检察官亨利·韦德，要求得克萨斯州取消堕胎禁令。1973 年，该案最终上诉到美国联邦最高法院，美国联邦最高法院最终以 7∶2 的表决，支持罗伊的诉讼请求，裁定得克萨斯州限制堕胎的法令违宪。"罗伊诉韦德案"推翻了美国四十多个州的堕胎法，使全美国范围内的堕胎合法化。本书出版二十多年后的 2022 年 6 月 24 日，美国联邦最高法院推翻了"罗伊诉韦德案"。——编者注

她割掉了家暴她的人的阴茎，或埃莉·内斯勒——她在法庭上当场开枪打死了性侵她儿子的人。这些女性都不是女性主义者。她们所处的阶级、她们不可遏制的愤怒、她们的需求或是她们采取的意在复仇的行动准备都决定了，她们不适合做人们心中的完美受害者。她们不是淑女。有些女性主义者有时会批评我支持这些女性，认为这会危及我们为更多更值得、"更好"的女性的权利的斗争。

有时候，你甚至会出乎意料地得到一个反女性主义团体的支持。你要忠于你的原则，设定你不可逾越的底线——但偶尔可以与这些盟友进行合作。例如，一些关心"婴儿 M"案的天主教徒，加入了我们在法院外的声援线。和这些善良的人一起示威，我可以毫无挂碍。但是，我断然拒绝与那些想要将代孕定为犯罪的立法者和十字军般的讨伐斗士合作，因为他们是想将堕胎定为犯罪的同一批人。我不想给他们贡献任何力量。有些女性主义者会选择与他们合作，尽管很明显的是，这些讨伐斗士试图利用女性主义者在代孕问题上引起的轰动效应，实现他们非女性主义的筹款目的。

我们都是优秀的女性主义者。我们没有，也不需要在所有事情上都达成一致。很多时候，人们会因为彼此持有不同的观点，或是在其他方面表现"不同"

而相互疏远，继而再对彼此发起危险的讨伐。要知道，你可以在不同意某人观点的同时，也不必憎恨或驱逐他们。这的确是一项值得人们学习的重要的道德和政治技能。

1991年，我又卷入了另一起与众不同的案件，艾琳·卡罗尔·伍尔诺斯案。伍尔诺斯是一名卖淫的妇女，她被指控杀死了至少六名嫖客，也因此被称为"世界上第一位女性连环杀手"。当伍尔诺斯了解到其他女性，尤其是女性主义者对她的案子感兴趣时，她也很惊讶。

在此案中，使我感兴趣的是女性的自卫权问题，包括女性杀死强奸她的人的权利。再一次地，有些女性主义者认为，伍尔诺斯怎么说都是罪犯，而且她太疯狂了，不值得我们花费心思理会。这情有可原，这些女性主义者担心，支持一个完全不值得同情的女性可能会削弱对那些"好"女孩的支持——这些女孩在遭受长期的折磨苦痛之后，可能（只）杀死过一个向她施暴的人。但我认为，是时候扩大受虐妇女的辩护范围了，它也应该将卖淫的妇女包括在内。我认为，伍尔诺斯有权获得公正的审判。自然，她最终并没有得到公正审判。

伍尔诺斯无疑是人们眼中的"坏"女孩。然而，即便是那些非常"好"的女孩,当她们要求被当作人对待时也会被视为无耻的革命者——即便她们对他人尊重自己的人性要求(仅)是在她们父亲的餐桌上获得一个"独立但平等"的席位。

欧洲的知识分子严肃指出:躬身实践你所宣扬的思想很重要。对此,我深以为然。我也一直都是这么做的。例如,自1988年以来,我一直致力于耶路撒冷妇女争取宗教权利的历史性斗争。1988年12月1日,七十名犹太女性在耶路撒冷哭墙[1]——对犹太人来说,这是世界上最神圣之地——的女性专区,成群结队地拿着《托拉》,穿着宗教服饰,大声祈祷。我是这七十名妇女之一。我们1988年在耶路撒冷哭墙做的事情,在某种意义上而言,就好比修女接管了梵蒂冈,并且还帮助开展了弥撒仪式一般。我们所做的事情无疑是历史性的——不同寻常,但又绝对在犹太律法的允许范围之内。

在男性这边,他们拥有数十卷,甚至是数百本妥拉卷轴和祈祷书,每天会举行三次不同的宗教定额学习小组。但在女性这边,没有《托拉》,没有宗教定

---

[1] 为耶路撒冷犹太教圣迹,又称西墙,亦有"叹息之壁"之称,曾两度修建、两度被毁,是犹太民族两千年来流离失所的精神家园,也是犹太人心中的最神圣之地。

额学习小组,没有团队精神,也没有团结可言。只有孤独的、异常沉默的女性,她们时而低声哭诉,时而抓住一本祈祷书,默诵她们的祈祷文。

那时候,当我们祈祷时,其他的礼拜者——既有男性也有女性——对我们既是口头谩骂又是身体攻击。我们请求以色列政府维持好公共秩序,这样,我们才能够行使我们的宗教权利和公民权利。政府则声称,它无力遏制针对我们的暴力行为,这种暴力行为是我们自己通过"扰乱或冒犯犹太人在礼拜时虔诚的宗教情感"而挑起来的。

一些世俗女性主义者指责我们竟然去"关心一个父权制帝国的象征":"谁想吃一块掉在地上沾满灰尘的馅饼呢?如果你非要找个宗教'做做样子',为什么不创建一片女神圣林、信奉佛教、开一间施食处?"那些批评诋毁我们女性主义者的人一致认为,我们在舍大求小,并且认为我们在做错误的事情。

右翼原教旨主义者并没有因为一些**女性主义者**似乎在反对我们这一事实而有所松懈。在他们出版的简报中,以色列政府和宗教部门将哭墙边祈祷的女性和我们的国际委员会称为"女巫",他们认为我们在做"撒旦的事工","更像妓女而非圣女","都被现代世俗女性主义误导和污染了"。

为疆域领土而战至关重要。在这里，疆域领土是真实不虚的，但它同样也是心理和精神上的。在我看来，宏大的愿景，再加上人为的努力和不那么完美的行动就是一切。如果我们想等待最合适的时机、在最政治正确的人们的陪伴下再去采取最政治正确的行动……那你就不必屏息以待了，这种事永远也不会发生。没有地面先锋部队的实际行动，你什么都不会拥有。

胜利是安静的，是单调而不是戏剧性的。胜利来自从事普通活动的前奴隶或二等公民，他们将这样做的权利视为天经地义。他们是活生生的人，而不是奄奄一息的垂死者。他们上学、找工作、投票、堕胎、行使他们的权利，只为了能够虔诚地迎接他们的新生儿、埋葬他们的已故之人，并能在哭墙边上举行成人礼。

先驱者们矫正过往的特定错误，赢得新的权利，但不是每个先驱者都能从中切实受益。也不是每个开启战斗的人都能看到最后。也许是其他人，特别是将来的后辈们，才是能从我们的斗争中获益最大的人。

1996年3月6日，耶路撒冷和特拉维夫[1]爆发了四次恐怖炸弹袭击，当整个以色列都震惊于这些恐怖袭击而惊魂甫定之际，曾经的哭墙妇女再次前往哭

1　以色列第二大城市。

墙，诵读以斯帖王后拯救波斯犹太人的故事。这一回，没有人说："噢，现在时候不对，我们还有更重要的事情需要担忧。"她们做的事情很重要，没有人对此抱有犹豫或是丝毫质疑，也没有人担心别人会怎么想。

对女性而言，这往往是她们赢得的第一场，也是最重要的一场战斗。

1996年11月，我们这些祈祷的女性再次遭到人身攻击。警察没有叫那些骂骂咧咧的男性安静，也没有逮捕那些向我们投掷木棍和对我们进行言辞侮辱之人。与此相反，十名警察推搡着八十名正在祈祷的女性，让她们退却了三十多米。

即使在这样的混乱和骚动中，我们也没有停止祷告。

还记得我们前面提及的鲁思·奥尔金在意大利拍的那张街头性骚扰照片吗？此时，奥尔金镜头下的那位年轻女子不再是孤单一人。女性主义者都与她同在，她们一起面对人数更众的男性的凝视和怒气。在我看来，我们也才刚刚学会如何扼制我们自己的愤怒。

就像布伦达·亨森和万达·亨森如何扼制愤怒那样。她们是姐妹精神营地（Camp Sister Spirit）的创始人。这处营地占据了约五十公顷土地，是一处位于密西西比州奥韦特的女性主义教育静修场所。亨森姐妹既没有退隐，也没有将其售出。面对诸多的暴力袭击，亨森姐妹和她们的许多男女志愿支持者，都保持住了几乎是纯科幻小说里才有的那种知名度和美德。

自1993年以来，姐妹精神营地一直不断受到围攻。亨森姐妹及其支持者已经成了广受关注的女性主义抵抗运动的象征。亨森姐妹都是女性主义者，也都是女同性恋。她们都出柜了，但是，正如她们的性取向一样，她们的政治原则和行动举措才是真正能定义她们身份的东西。

然而，奥韦特的一些市民却非常愤怒，他们觉得，女性主义的女同性恋居然敢跑到他们周围购买土地，于是，他们干脆开始直接近距离地向营地的女性开枪。有人向亨森姐妹家的前门打了几发子弹。她们必经的道路上也被人放上了拦路钉。亨森姐妹在营地挂的美国国旗和彩虹旗，也一再被扯下撕毁。不断有入侵者出现在亨森姐妹的私人住宅领地。低飞的航拍飞机不时地拍照。营地还不断接到威胁电话、恐吓信件和炸弹袭击。亨森姐妹的邮箱上还曾被人挂过两片用过的卫生巾和一只死掉的小母狗的尸体。当地有一位支持亨森姐妹的女同性恋，她的房子离奇地被烧毁了。有人打来电话恐吓："等着吧，三K党[1]还会在你

---

[1] 美国奉行白人至上的极端种族主义组织。

身上烧一具十字架。"

我第一次去奥韦特是在1994年阵亡将士纪念日那个周末，去响应人们要求团结的呼声。

那个周末的晚上，月亮升起来了，我陶醉在南方闷热的夜风中。姐妹精神营地很像伍德斯托克、女同同志国度和密歇根女子音乐节，但它也很像密西西比自由之夏、五月广场母亲[1]、一处女神圣林和一个女童子军营地。啊，但它又和别处都不一样。它好像黛安娜·里弗斯[2]笔下那个拥有特异武装力量的女同性恋女性主义战士部落（《星辰的女儿》），只不过此时故事已经化为了现实，我也在故事里，和她们那些女战士围坐在一起。更为神奇的是，这个故事的作者里弗斯本人也在这处营地里。

姐妹精神营地并不是一个由年轻人组成的粗暴的准军事营地。诚然，这里有走起路来大摇大摆的趾高气扬者，有将头发剃成毛寸的人，有肌肉健硕者，也有许多裸露着乳房的人，但这里也有穿着裙子、佩戴珠宝的女性，有五六十岁的女人，还有头发花白、微

---

1 原文为"Mothers of the Plaza de Mayo"，是指1976—1983年的阿根廷，因反对政府独裁而失去家属的人们所进行的运动。在这段时期，大约有三万名左派学生、知识分子、记者、工人消失，故又被称为"肮脏的战争"（西班牙语：Guerra Sucia）。
2 美国作家、艺术家、社会活动家。

笑时会显露皱纹的母亲和祖母们。没有人是来这里求死的。她们来这里是为了支持一些基础工作，诸如支援和安抚强奸与乱伦的受害者、被家暴的妇女和儿童等，这是多年以来女性主义者一直都在从事的工作。

我们是如此天真，如此美式思维，以至于我们始终无法相信，哪天我们会因为我们的信念而被人杀害。我们以为，那种事绝对不会发生在我们这片自由的土地上，不会发生在我们这个勇士的家园中。

姐妹精神营地则十足清醒：生理上、心理上和政治上都是如此。这里的女性十分有安全意识——她们也必须如此。和修女一样，她们也两人一组不时巡逻营地，并通过对讲机交流。姐妹精神营地的女性被迫——此举格外有违她们的意愿——在营地周围建造了一圈栅栏。（"栅栏花掉的钱可以养活一百户家庭十年。"万达·亨森说道。）营地的女性都合法武装。每个人也都互相留意着其他人身在何处。

在营地里，女性开始真正做到足够爱她们自己，也能划清界限来进行自卫、保护她们自己的身心免受他人的攻击。这听上去有些可怕了，不是吗？

对此，世人想问的问题也多如天上星。为什么这个流亡的女性主义政府要选择三K党的历史中心琼斯县作为它在地球上的第一个前哨站呢？"为什么不能选在密西西比州呢？——这里是美国最穷的州，也是最受压迫的州。"旺达回答说，"这里是我的出生之地，是我所来自的故地家乡。"话说回来，激进的女同性恋女性主义者，到底又能在哪里广受欢迎呢？

有人可能会问，为什么姐妹精神营地会招来这样的危险呢？为什么不撤退到更安全的地方去呢？撤退到安全地带固然是好，但是，女性总是处于危险之中——即便是在我们自己的家中，在工作场所，在去远足的路上。拒不承认自己受压迫并不能使你安全无虞；它只会让你想要一味否认压迫的存在。在姐妹精神营地，女性有非常强的危险意识：她们能意识到自己的危险，以及其他所有女性面临的危险，因为它们无处不在。她们选择集体协作，共同面对危险的处境。在姐妹精神营地，没有任何死亡会无人哀悼或遭受误解。

同样勇敢无畏且乐于奉献的，还有加拿大一直致力于妇女纪念碑项目的女性主义者们——可以说，这是世界上第一个这样的项目。这听起来似乎难以置信，但也并非在意料之外。在公园，在公共建筑的入口，在博物馆，在城镇的广场，人们总是可以看到一些三到六米高的骑马男子的雕像。他们身着戎装，手持旗帜、剑或枪，雕像上面也悉数写着他们的名字、功勋等级，以及能为所有后代铭记的英勇事迹。可女性的雕像何其之少！而且，就算有，她们也多半是半裸的，充当着正义或美的匿名化身。

这个世界曾无数次淹没在女性牺牲后流下的血海之中。我们不知道那些死去的女性的名字，不知道她们长什么样子、她们是怎么死的、她们为了什么而活、她们又是如何战斗的。这座纪念碑是第一个用以纪念我们未武装的士兵的纪念丰碑，她们都在一场女性从未宣战的特定战争中被枪杀。

1989年12月6日，二十五岁的加拿大人马克·勒平手持一把半自动来复枪进入巴黎综合理工大学——蒙特利尔的一所工程类院校。他命令男生女生分开站在教室的两边，一开始，学生们还认为这是一个恶作剧，直到他朝天花板开了一枪。然后，他让男生先行离开，并开始对女生大喊："我要杀的是女人！你们他妈的都是一群女性主义者。我恨女性主义者。女人为什么要做工程师，不应该是男人吗？你们不应该出现在这里。"一名学生反驳着叫道："不，不是这样的，我们不是女性主义者。"最后，这名开口说话的女生，连同其他十三名女学生都被勒平残忍地射杀——仅仅因为她们是女生。这个杀人狂还伤了另外十四名学生——九名女性、五名男性。

蒙特利尔警方坚称这是一个孤立案件，是疯狂的个人之举。然而，在发动此次袭击前，勒平写了一封信，在信中，他将他要做的事描述为一次"针对女性的政治行动"。他的口袋里还装着一份列着很多著名女性主义者名字的暗杀名单。在这次屠杀事件后第二天，当地的大学妇女团体在蒙特利尔大学为遇难者组织了一次哀悼守夜活动。在守夜活动开始前的最后一刻，一些前一天晚上还答应支持守夜活动的男学生，却拒绝为活动提供他们承诺过的音响设备。巴黎综合理工大学的一些男学生用对讲机包围了守夜活动的组织者，阻止她们与媒体或人群交谈。这同一批男性指责组织者是在"利用"此次杀戮事件；他们还命令那些在零下的温度下等待守夜的五千名加拿大民众散去，叫他们上附近的教堂进行默祷。一些男性还不住地喊着"谈论犯罪是对死者的不敬"；一名男子这样告诉人们："不应将此次杀戮事件归结为性别问题。"一位试图发言的女性主义者被不断发出的嘘声和口哨声淹没了。为了抢夺和控制扩音器，还发生了一回肢体冲突。国家媒体和地方媒体都报道说："女性主义者企图占用此次守夜，不让男性哀悼或讲话。"

在此次杀戮事件发生的那一刻，巴黎综合理工大学的男学生们大部分都在寻找躲藏庇护之所——还说什么要指望他们有骑士精神呢！也是，一位男性公民为什么要平白无故地为别人挡子弹呢？然而，1990年8月20日，也就是此次枪击事件的八个月后，一名叫萨尔托·布莱的巴黎综合理工大学研究生自杀身亡。那次杀戮事件发生之时，他也在学校。在一份留下的遗嘱说明中，他写道："作为一名男性，我始终无法接受自己曾经在现场，却没能做什么。"巴黎综合理工大学的保卫科负责人随后说道："那天在场的所有男性，其实都在心中承受着对这次枪杀事件的责任。"

这其实也是一种性别歧视观念。对于没能制止杀戮这件事而言，男性承担的责任并不比女性更多。

这次屠杀事件及其后果，激发了妇女纪念碑的设计与落成，人们将它作为"纪念亡者与呼吁变革的象征"。女性主义志愿者和温哥华的卡普兰诺大学的女性中心赞助了这个纪念碑项目。最终，温哥华的一个公园被捐赠给了装潢艺术家贝丝·阿伯来设计，因为纪念碑设计方案最终采纳的是她脱颖而出的投稿——十四条由粉色魁北克花岗岩制成的长凳，它们共同围成了一个直径九十多米的圆圈。每条长凳上都刻有一名在巴黎综合理工大学被杀害的女性的名字。

组织建造纪念碑的克里斯·麦克道尔这样说道："我们必须记住的是那些被杀害的女性，而不是杀害她们的凶手。我们意识到,那天有这么多的女性被杀害,虽然我们无法一一记住她们的名字,但我们却始终忘不了杀害她们的那个凶手的名字。"纪念碑长凳上的铭文,用十种语言以及盲文写就,它们将一一列出这十四位受害女性的名字,上面还写着:"作为她们的姐妹和兄弟,我们将永远铭记她们,并为建造一个更加美好的世界而努力。永续纪念和深切哀悼所有惨遭男性杀害的女性,无论她们来自哪个国家、出身何种阶级、年龄几何,又有着何种肤色。"

有些人坚持女性主义者只关注幸存者,而忘记了或是拒绝认同受害者。要我说,我们必须同时关注这两者;但是,只有当我们有勇气去面对并直视那些使我们感到羞耻和恐惧的事情时,我们才能开启反击暴力的工作。

致力于建造纪念碑的加拿大女性主义者一直公开遭到人们的谴责和袭击,因为她们敢于说出杀害这十四名女性的是一个男人(难道不是吗?难道还是外星人吗?),或者曾说男性(而不是外星人或蝙蝠侠)要为女性的死亡负责。致力于建造纪念碑的女性主义者开始分发小册子,小册子是关于日常暴行的事实信息一览表:"在安大略省,1974 年至 1990 年,被谋杀的女性中有百分之九十八都是被男性杀害的,通常是被某个亲密伴侣杀害。1991年，加拿大有二百二十五名女性惨遭谋杀；这其中，有二百零八人都是被她们的男性家人或熟人杀害的。平均而言，一个女人在正式报警之前，往往被她的丈夫或同居伴侣殴打过三十多次。"

男性也会成为男性暴力的受害者。男性通常都会反击回去。那些确实反击了暴力伤害的男性，很少有人会觉得自己是仇男者，同样，他们也不会因为与其同性别的某个人的厌女而经常感到自己受到了某种个人牵连（前面提及的萨尔托·布莱可能是个例外）。反击回去的男性很少会被人谴责为仇男者。但到了女性这里就不同了，反击回去的女性会被认为是仇男者，也只有女性才会因此而被人击倒在地。

如果有人称你为仇男者，不要否认。不要停下你手头正在做的事情，以说服你的对手你其实是个慕男者，也是一个"好"女人。在女性主义的字典中，"好"这个词即意味着服膺于父权制的现状。这就是你对"好"的定义吗？你想要自己被这样记住吗？

我会说，你要学会享受被人斥责为一个仇男者（或是被人说成厌男的女同性恋或妓女）。不要把它当成针对你个人的侮辱。这的确是一种有剧毒的侮辱，旨在麻痹你，让你充满自我怀疑。如果你敢于反击男性暴力，即使只是以你自己微小的方式在你的日常生活和个人生活中进行反击，那么，这个绰号，以及更多的侮辱性言辞，真是会发生的最无伤大雅的事情了。枪击屠杀事件发生一年后，安德烈娅·德沃金[1]在蒙特利尔大学的一次演讲中这样说道："这些女性因她们可能犯下或未曾犯下的罪行——政治罪行——而惨遭处决。我认为，我们可以用来尊重这些女性并使之绽放荣耀的方式，就是去犯下让她们遭到处决的每一项罪行……我们每个人都对此负有责任，因为，我们每个人都可能是马克·勒平想要谋杀的女性，所以，我们就更有义务去成为她们。"

言辞激烈，但说的却是真相。

苏珊·B.安东尼[2]的反对者曾烧毁了一座校舍，只因为安东尼曾在不久前为女性参政和反对虐待妻子发声。

在很久以前——不过好像也没那么久远——的19世纪80年代中期，一群女性主义者决定用她们的身体拦截来往的车辆，并向中午时分的驾车者分发小册

---

[1] 美国激进女性主义者，因其尖锐、不妥协的女性主义立场被称为"世界上最受非议的女性主义者"。其代表作品有《交媾》《心碎：一位女性主义战士的政治回忆录》等。
[2] 美国民权运动领袖，女性主义杂志《革命》的创立者之一，在19世纪美国女性争取投票权的运动中扮演了重要角色。

子。小册子上讲述的是在马萨诸塞州，有很多女性的生命因为男性暴力而戛然终止。警方很快介入并驱散了这一示威活动。他们给这次示威的组织者桑迪·古德曼戴上了手铐并将其逮捕。随后，警方将古德曼藏匿在警车上，并发动引擎，准备将她带走。

而接着，发生了一个小小的奇迹：示威者团团围住了警车，不让警方将桑迪带走。纵然这些女性也很害怕被逮捕、判刑，甚至射杀，但是，这些恐惧都没能阻止这些女性主义者身体力行地践行她们口中的理想。

随后，又是一番无休止的与警方的交涉与讨价还价，警察被迫将桑迪交了出来，交给了她那群正在兴高采烈等待着她的战友同志。最终，警察没有带走桑迪，自行离开了。

在此类事件中，这是有史以来第一次胜利——我希望，这绝不是最后一次胜利。

第十一封信

我们需要一块女性主义大陆

Letter Eleven

在仅仅三十年的时间里,一种富有远见的女性主义出现并发展成熟,如果它没有彻底改变世界意识,也已然成功挑战了这一意识。尽管如此,但当我意识到,最终只有少数人能被从继续折磨世上大多数人的赤贫、疾病、过劳和无休止的担忧中解救出来时,我既感到悲伤难过,也如醍醐灌顶般清醒。

盛极之后,我这一代的女性主义者开始跌落到谷底。我们曾经有过一种集体命运荣辱与共和不可战胜的感觉,而现在,这似乎看起来都很天真幼稚,而且显得极具特权性。我们的生活有史以来第一次发生了转变,我们——以及我们对现实的分析——成了我们的宇宙中心。女性主义者早就已经(在心理上)宣称过,男人作为女人在地球上的上帝已经死透了——这么说很容易,它等同于男人早先那些世俗的、科学的、和存在主义上的声明,说上帝和国王都已经死了。尽管我们作为"爹地的乖乖女"接受了相当多的训练,但我们也与**历史**结合,与彼此联结。我们渴望革命性的超越和正义,多于我们渴望浪漫的爱情或事业。实际上,我们是美国人,我们想要这一切,但是，我们的一生都在一边渴望姐妹情谊，一边一直为**英雄主义**服务而不自知。

我们中的一些人发现了比我们想象的更多的姐妹情谊和兄弟情谊——另一些人找寻到的则更少，有那么一段时间，我们过着非凡的生活。我们没有改变这个世界——尽管今天的世界已与我们刚开始抗争时的世界有所不同。我们必须为了每一寸意识的觉醒和我们的尊严而战；这场战斗仍在继续。尽管我们甘愿做出巨大的牺牲，但我们中的许多人仍然被消音了，我们的工作成果也"消失"或淡化了，我们的集体抵抗变得遁形不见了，我们教导下一代继承者的能力也被人残忍野蛮地大肆削弱了。

早些时候，我开始谈论要建立一个流亡的女性主义政府。试问，除此之外，我们还能如何将受虐的妇女和儿童从孟加拉国、波斯尼亚或波士顿的父权制中空运出来呢？很长一段时间以来，我和许许多多的其他人一样，一直是一名没有被正式任命的部长，代表着未来的那个政府。

我们这一代人成就了些什么呢？

我们撬开了这个世界的想象力的大门，我们也敞开了怀抱，迎向那些在苦痛中哭喊、渴望自由与欢乐的众多女性。我们要求为女性伸张正义。我们想要在以前仅限男性的保护区里获得高权力的职业，我们想要孩子，也要性自由，还要有政治权力。因此可以说，我们扩大了女性可以渴望之物的范围。

但这并不是我们唯一的重要贡献。

因为我们完成的工作，现在，这个世界已经开始明白，战争不仅仅发生在身处敌国身着制服的男性士兵身上；即便在所谓的和平年代，战争也发生在家中，发生在家人之间，发生在那些手无寸铁的妇女和儿童身上。1997年，纽约市曾开展过一项研究——这是美国首次进行此类研究——它表明，百分之七十八被杀害的女性都是被她们的丈夫、男朋友、亲戚或熟人所杀害。被丈夫或男友杀害的女性人数占比百分之四十九，而在这些女性中，又有三分之一的人是在她们试图逃离施害者时遇害的。

因为我们完成的工作，全世界开始明白，女性受到的威胁与伤害，不仅仅来自男性，也来自其他女性。用玛丽·戴利[1]的话来说，宗族中的女性是其他女性的"象征性折磨者"。是女性在给她们的女儿做阴蒂切除术；是女性在驱逐她们被乱伦虐待的女儿——而不是她们虐待成瘾的丈夫；是婆婆为了一点儿嫁妆

---

[1] 美国神学家、哲学家、激进女性主义者。

殴打、欺凌或者帮助烧死她们的儿媳妇。通常，是女性在羞辱其他女性以使其屈从，这一点举世皆然。

因为我们完成的工作，许多国家已经开始安排医生接受专门的培训，以便帮助他们认识到，暴力是女性面临的主要健康风险。1985年（距离女性主义者包括全国妇女健康网络第一次敲响这一警钟已经过去了十到十五年时间），美国卫生局发布了一份公共卫生报告，它指出，虐待妇女的发生率及严重性是一种瘟疫，女性即使是在她们自己家里也并不安全。有研究指出，在医院急诊室就诊的十五岁至四十四岁女性，她们受伤的主要原因都是暴力。一些医生正在接受专门培训，以便可以诊断和治疗受了虐待的女性；然而，这并不意味着他们，或者说所有医生确实会这样做。这一医师培训既不广泛，也不充分，这种治疗也只是偶尔可得。

因为我们完成的工作，各大主要宗教的领导人、律师、法官、立法者、警察部门和保险公司，都越来越多地将家庭中的男性暴力和虐待儿童——包括对儿童的性虐待——视为犯罪。

虽然这是一次大的飞跃，但它也仍旧微不足道。家庭中男性暴力的瘟疫流行病仍在蔓延，也只有少数（男性）施暴者被起诉。美国的一些研究表明，只有百分之一的被逮捕者最终被定罪,而且,很少有人真的被收监服刑。而少数自卫杀人的(女性)受害者却被起诉受审,通常,她们的判决也是法律量刑允许范围内的最重刑罚。

因为我们完成的工作,现在,国际社会——至少在书面上——已经将妇女的权利视为人权。据其定义,至少在书面上,女性有权免受家庭暴力侵害的自由——这是一项基本的人权。

例如,1993年6月,维也纳会议通过了《维也纳宣言和行动纲领》,呼吁人们"消除公共和私人生活中对妇女施加的暴力……根除妇女权利同某些传统或习俗、文化偏见和宗教极端主义的有害影响所可能产生的任何冲突"。

最后,甚至联合国也正式发文认定,针对妇女的暴力行为侵犯了人权。1993年12月,联合国大会通过了《消除对妇女的暴力行为宣言》。该宣言将婚内强奸和家暴女性都视为针对女性的暴力形式。联合国还警告其成员国,不要试图"以任何习俗、传统或宗教考虑"来为那些"惯有的"、传统的针对女性的暴力辩解。

1994年,美国国务院发布的有关人权的年度报告首次将针对妇女的暴力包括在内,将其视为准许给予庇护的理由，从而扩大了它的人权庇护范围。1995年，美国移民归化局也将家暴虐待、强奸和其他形式的针对女性的暴力视为寻求政治庇护的理由。

这一切之所以能够成为现实，都是由于持续进行的激进女性主义的工作。而现在，这项工作也必须继续进行下去。

我希望你能这样做。

然而，所有这些宣言不过是一纸公文。如果全世界各地被虐待的妇女洪流大军奇迹般地成功逃脱了囚禁着她们的牢笼——奇迹般地成功"寻到"足以支付旅费和寻求法律援助所需要的钱财，因为要是没有这些，她们就无法在另一个国家申请庇护——你认为接下来会发生些什么呢？要知道，这些女性可能不会说英语，也没有任何合法的销售技能，美国能负担得起向这一亿三千万因女性割礼而逃亡的女性提供庇护所吗？如果瑞典和比利时也能给在每个国家中受虐待的女性提供政治庇护，如果埃及和南非或者波斯尼亚和卢旺达能够互换回他们的强奸受害者，如何（以及谁）又能够保证，这些难民女性不会在她们新的（父权制）国家中受到同样的虐待呢？

创建一块女性主义的大陆也许更有意义。

第十二封信

——

"能有所改变的爱就不是真爱"

Letter Twelve

你对另一个人的爱，会比你对上帝、国家或亲人的爱更重要吗？如果说，爱是与另一个人或比我们更宏大的事物的结合，那么，请务必了解以下这些文字：

真正的爱的结合，绝不会发生在两个自身不完整的人身上。爱的结合，以及超越，都需要两个完整的人。也许这个观点对你来说是完全陌生的，因为你一直浸淫在一种（父权制）文化当中，它常常将社会和生理差异或对立情欲化。这让摆在你面前的任务令人兴奋，也具有开创性：去和他人建立平等的恋爱关系，并且，你要自身完整地去爱你所爱之人。

现如今，很多被人们误当作爱情的东西，其实只是一些经济上的依赖。女性经常将经济和法律上的依赖浪漫化。或许，男性也同样将家庭生活和生殖浪漫化了吧。

迫使你妥协、不能安心做自己的爱不是真爱。爱情是一个过程，也是一种训练。它不仅仅是你对另一人的感觉。像自由一样，爱是一条道路，也是一种实践，任何法律契约都无法保证它，也不能强制它。

人们可以一起生活却并不相爱，他们可能互相折磨伤害，并扼杀掉所有的欢欣快乐。例如，有许多父母都自称爱自己的孩子，但他们的行为却完全不是那样。有些人之所以还继续在一起，只是因为他们惧怕孤独，又或者只是为了孩子。虽然这些都算不上犯罪，但是，千万不要将这种人为安排与自由真爱混为一谈。

自由地相爱意味着，首先，你要"看见"自己，然后是你的爱人作为他独一无二的个体，而不是你一心想要他成为的那种人。你不能因为自己爱上一个人就期望他妥协他们自身身份中的某些核心要素，只因为你希望他们能在你生命中的每一个重大时刻都伴你左右。爱包括放手——然后继续前行，有时候，你得独自一人去到吸引你灵魂的地方。

第十三封信

——

性与人性

Letter Thirteen

性快感不是一项罪恶,也不是一份圣礼。它是你作为一个人的权利,只要你觉得合适,你就有权享有它。我觉得我有必要这样说出来,这多少有点令人惊讶,但鉴于我们所处的这个时代,我还是有必要说出来。

女性主义者没有——也从未——反对性快感。父权制在——而且一直在——反对女性享有性快感。将个人的性高潮与激进的行动混为一谈,是愚蠢且自命不凡的。生理感觉良好很重要,但是,它并不像将囚犯从集中营中解放出来或是救济穷人那样有政治意义。将女性的性欲浪漫化成女神赐予的,就像将男性的战争欲望美化为上帝赋予的一样危险。

如果你是一位女性,那么,性并不是你只能与一位男性,或只能与你丈夫在婚内一起屈从(或渴望)的东西。性快感不一定非得与生育有关。如果你是一位男性,那么,性并不是你能用金钱购买或用蛮力获得的东西。

性不是你只能与异性共享的东西,也不是每一次都能获得高潮。

作为人类,我们不只是我们身上性器官的总和。然而，说归说，女性通常还是会被简化为一组情欲化的身体部分：漂亮的脸蛋、乳沟、乳房和臀部。女性身体的许多部位都可以被色情化，也就是说，这些部位可以成为性高潮的焦点所在：一只穿着高跟鞋的脚、裸露的背部，或者是臀部、大腿或小腿。

在一些国家，一个女人裸露（未戴面纱）的脸，或者她通过半遮掩的面纱露出的眼睛或眉毛，都会立即产生一些性暗示，暗示着一个被禁止的阴道、一场性高潮、一次性狂欢、一家妓院。

即便在我们这个性泛滥的社会中，尽管青少年怀孕的人数有所增加，现在的年轻女孩，尤其是那些来自内城贫民区的年轻女孩，并没有比我这一代的年轻女孩享受到更多性高潮。对于这一点，我起初也感到难以置信，直到我采访了一些一直与这一女孩群体打交道的律师。

直到现在，一些原教旨主义者也仍在激烈争论和强烈谴责着学校里和媒体上的性教育。就性教育这一方面而言，是有一些很好的可用信息，但是我们很难找到它们。比如：如果没有直接的阴蒂刺激，大多数女性都无法达到性高潮。男人和女人都喜欢口交。此外，在这个艾滋病和其他性传播疾病肆虐的时代里，人们不应该在没有保护措施的前提下发生性关系。

但是，人们就是会这样做，人们还是会在没有保护措施的情况下发生性关系，尤其是年轻人。

想要解决意外怀孕、性传播疾病肆虐、强奸和乱伦等问题，就必须用完全不同的方式教育我们的后代。必须教导年轻男性，在性问题上不要采取任何形式的强制胁迫；也必须教导年轻女性如何反抗这类胁迫行径。

同样的一种经历——发生性关系——可能会因为性别的不同而产生不同的影响。例如，许多年轻女孩仍会因为与人发生性关系而名声扫地；男孩则很少会这样。（SOS[1]——老一套了。）再一次地，我们发现，与传说相反，女性可能，而且确实会更频繁且更容易地从男性身上感染上艾滋病，而男性却很少且不那么容易从女性——包括妓女在内——身上感染上艾滋病。女性会怀孕，男性不会，因此，母亲们，无论她们多么年轻，都常常要为孩子承担起她独自的、终身的责任——比大多数父亲所做的要多得多。有时候，女性还要独自承受放弃自己生养的骨肉让别人收养的终身精神创伤。

性欲是流动的，不断变化的，在它不仅仅是一种自慰幻想的情况下尤为如此。在你十八岁的时候，性可能

---

[1] 原文 SOS 是 "Same Old Shit"（老一套）三个单词的首字母缩写。

意味着一回事，而当你六十五岁的时候，它可能意味着完全不同的事情。另外，不是所有人都会随着年龄的增长而失去他们对性高潮或亲密感情的渴望，的确有些人会，但他们往往对此感到欣慰。毕竟，健康和无忧无虑的闲暇时光才是最为重要的。

你可能跟某个人在一起时会体会到一种欲望，而跟另一个人在一起时，又体会到一种不同的欲望——又或者，你会在不同时间对同一个人产生不同的欲望。

有些男性可能会在年轻时感受到更为强烈的性欲，而有些女性则可能在年长时才会感受到更强烈的性欲；有些男人可能认为，性关系的开始阶段充满了激情，而有些女性可能认为，当你了解并信任你的伴侣时，你们的性关系才更加热情四溢。

请相信我，不管你被灌输了些什么，性都要更加复杂，同时也更为简单。

甚至连弗洛伊德博士都说，我们都是双性恋。这并不意味着双性恋者就像在树上荡秋千似的荡来荡去、随意切换，先是这样，接着又变成了那样。这其实是在说，我们都有可能与我们同性别的人相爱、做爱，并一起体验到性快感。这没什么好大惊小怪的。

恐同症是一种最不被接受的偏见。我观察到，来自各种阶级、种族和政治信仰的人，都曾通过嘲笑男女同性恋者，或者大声地不停吹捧自己的异性恋身份联合在一起。

告诉你我是异性恋或是女同性恋，几乎不会告诉你任何有关我性生活频次、我是怎样达到性高潮的，或者性与爱对我来说究竟意味着什么的信息。同性恋人士绝不是恐同者想象的那个样子。成为一名女同性恋究竟意味着什么很可能与我们文化对女同性恋的普遍认知无关。

物理学家和哲学家都告诉我们，万物并非它们看起来的样子，例如，稳固的桌子不过是一堆运动着的分子。此外，一切事物都会变化，没有什么会一直不变。

我认识一些曾经是异性恋的女性和男性，他们曾一起养育了孩子，而后来，男女双方都变成了同性恋。他们仍然爱着他们的孩子，他们也仍然是好父母。我也认识一些未出柜的同性恋者，他们互相形婚作为掩护，生养了孩子，保持着他们这种异性恋的伪装，但他们仍然更喜欢与同性私通。

事物并不总是它们看起来的那样。你要知道这一点。

第十四封信

"决定女性命运的既非教会也非国家,而是她们自己"

Letter Fourteen

不应强迫任何女性违背自己的个人意愿堕胎。也不应该阻挠任何自愿进行堕胎手术的女性。

这是选择的意义所在。

我相信，女性有选择她是否要孩子，以及何时要孩子的绝对权利。自由选择意味着，女性必须能够获得高质量的、由医生保驾护航的、经济上也负担得起的合法堕胎手术，并可以选择自己养育她所生的孩子，而不必为此付出不人道的代价。

不人道的代价包括：未成年少女怀孕生子；不得不辍学；得不到家人或社区的照料，独自一人抚养孩子；因为我们这个社会中没有她们负担得起的日托中心而让她们陷入贫困；等等。同样，不得不放弃自己的孩子让人收养也是不人道的行为。这是一种很多孩子的生母都会有的精神创伤，而且她们永远无法从中康复。

堕胎不是谋杀，它只是妊娠的终止。这是我自己的观点，也是1973年美国联邦最高法院在罗伊诉韦德案最后判决中的观点。然而，关于怀孕之后的选择——是决定在怀孕后生下一个婴儿，还是认为怀孕是一种不可承受的负担而选择终止妊娠——得由女性自主决定。如果女性没有合法权利来决定她们的生育权，那么，作为公民的女性便宣告死亡了。

反堕胎的斗士更关心的是未出生的胎儿的权利，而不是活生生的人的权利——包括生命权。反堕胎者支持未出生胎儿的权利是以牺牲孕妇和她其他活着的孩子为代价的。反堕胎者并不要求国家为了拯救一个男性的孩子，而在违背该**男**性意愿的情况下侵犯他的身体——比如，要是没有父亲捐献肾、肺或骨髓，孩子可能会死去的时候。

在至少一万年的历史记载中，大多数女性都是被迫成为母亲的，而且，与男性不同，女性还会因为婚外性行为受到严厉的惩罚，甚至惨遭杀害。

因此，对我这一代女性主义者来说，女性需要获得安全、合法和负担得起节育和堕胎的权利，是很明显的事情。没有这些，女性何谈追求生命或自由呢？她显然不能——也根本做不到。今天，和三十年前一样，我还是能强烈感受到节育和堕胎权对女性的重要性。

理想的情况下，女性选择堕胎的权利应该是一项民事权利，而不仅仅是一种隐私权。女性必须有决定她是否以及何时成为母亲的权利——不仅仅是在她生命或健康受威胁时才能有选择堕胎的权利。

堕胎一直存在。堕胎也并非一直违法，但是，当堕胎违法时，富有的女性还是有条件实施堕胎手术的。贫穷的女性则不然，她们要么没有办法堕胎，要么就要冒着生命危险去后街暗巷那些从事非法堕胎的人士那里进行堕胎。

在20世纪50年代，那些找不到地方或负担不起非法堕胎，以及那些无法承受堕胎手术痛苦的白人少女，不得不忍受来自她们父母的无休止的指责；于是，她们不得不从高中或者大学退学——那时候，怀孕的学生一律不得上学。这些"幸运"的少女嫁给了一个根本不想娶也没有准备好做一名丈夫和父亲的人。又或者，她不得不交出她的孩子给别人收养。

青少年父亲很少受到指责——只有母亲才会。

我记得我常常这样思忖，啊，如果你是女性，滑倒一次，你就永远被打倒在地、爬不起身了。一次爱的体验、一次短暂的恋情、一次悲惨的强奸——一位年轻女性和她的孩子，可能就会被永久谴责，此后不得不过着更加贫乏和残酷的生活。

1959年，在大学考试期间，我独自出校旅行，约了宾夕法尼亚州著名的地下堕胎医师罗伯特·斯潘塞博士（有传言称他女儿死于一次拙劣的非法堕胎手术，所以他才干起了这行，为了确保这种悲剧不会再次发生在别人女儿身上)。当我到达时，斯潘塞博士正好"出城了"。他经常出城办事。这个男人总是领先法律一步。我记得我坐在附近公园的秋千上，满怀沮丧，想着如果我找不到另外一位堕胎医师的话，我就再也过不了那种我想要过的人生了。

自然，我是独自一人去见斯潘塞博士的，我的男朋友并没有陪我一起。那时候，男人都不会看到女人戴卷发器或敷面霜的情景，更不用说看女性分娩或是堕胎这种场面了。

并非所有实施堕胎手术的人都是训练有素的医师。他们也并不总会使用麻醉剂，而堕胎手术中的痛苦非同小可。但比起剧痛，你更害怕的是死去，或者被父母发现。我们中的一些人还不得不遭受实施堕胎手术的人对我们的性暗示和肢体性骚扰，其秘密和屈辱都极为深刻。

在十四年里，我还进行过几次堕胎手术。是的，我用了避孕措施。起初，我用是宫内避孕器（IUD）——直到它嵌入了我的子宫壁，我才将它取了下来。然后，我用的是子宫帽。但你猜怎么着？它们都让我避孕失败了。

美国人之所以能在这个国家取得合法堕胎的权

利，并不是因为女性主义者为之不断奋斗并献出生命，而是因为，社会上出现了一种积极看待性的氛围。在这种氛围下，很多律师和医师都开始支持女性拥有堕胎的权利。他们目睹了太多女性惨死于不安全的非法堕胎手术之中。说不定，医师也将堕胎视为一种潜在的有利可图的产业。又或许，男性和女性确实都希望女性能够毫无担忧挂碍地享受性生活，而不仅仅是将性当作生育繁殖的手段。

最初，我们这一代女性主义者关注得更多的是女性的堕胎权，而不是她做母亲的权利——我们也不甚关注受种族迫害的女性抵制强制绝育的权利，或者那种小家庭的"理想"。我们没有做错，但也不算做对了；没有任何运动能一次做完全部要做的事情。那时，女性普遍有义务成为母亲，普遍因为追求独立受到谴责，所以，当时摆在我们面前的女性主义道路十分明确。

对于女性的选择权，我向来都坚定不移地予以支持：不管是在我怀孕的时候，还是在我生下儿子之后。我从不认为我选择生孩子，就意味着所有女性都必须做出和我同样的选择，同样，如果她们自己选择不生孩子，我也绝不会认为，她们就不能理解和尊重我对我孩子的爱了。在我选择生孩子和另一名女性选择不生孩子之间,我没有感受到任何抵牾之处。

毫无疑问,我个人视分娩为一种神圣的通过仪式[1]。

在 20 世纪 60 年代后期堕胎变得合法之前,我曾牵头发起过一些会议,讨论我们该如何**身体力行**地保护我们当时仍在地下运作的堕胎诊所和社交网络。我当初应该记一份笔记的。但谁又能想到,仅仅三十年后,合法堕胎的权利竟又会受到这般致命的攻击呢?

我从来没有想到过,在眼下的 1997 年,堕胎诊所和他们的员工将不得不遭受长期的工作场所之外的个人骚扰、激进的反堕胎示威和无休止的炸弹威胁,他们还不得不在身上安装金属探测器,并帮助培训女性主义者护送受惊吓的妇女进出堕胎诊所。

谁能预见到全国如此多的诊所会被迫关门,会被轰炸——还不止一次,而是一次又一次呢?谁能料想到医师和诊所的工作人员将不得不穿上防弹背心、被骚扰,甚至惨遭杀害,据说这样一来,女性就能够行使她们合法的堕胎权利了。我们永远也无法想象到,现在的医师和医学生会决定不做任何堕胎手术了,因为做这些手术看起来太过危险、太惹麻烦了。

---

[1] 法国人类学家阿诺尔德·范热内普提出的概念,他认为个体生活都存在一个阶段向另一个阶段的转化,每次转化都伴有通过仪式。也译作"过渡礼仪"。——编者注

是的,女性的自由意味着麻烦。但是,如果连堕胎这样的自由都没有,那女性的麻烦可会更大呢。

自从亨利·海德[1]推行他那臭名昭著的联邦资助法案修正案,使贫困女性更难获得由联邦政府补贴的堕胎手术,二十多年来,堕胎一直受到严重的围剿。

那么,你能够做些什么呢?可有不止一件女性主义事项待做呢。例如,女性主义者可以光荣地去做以下任何事情:

一、投票给支持生育选择权的政治家,给他们开支票,并积极支持他们的竞选;

二、护送女性进出堕胎诊所;

三、开设堕胎诊所——截至目前,至少还有百分之八十四的美国县城中没有任何的堕胎机构;

四、教导年轻男性做父亲的责任;同样,也要教导年轻女性做母亲的责任;

五、开创性地研发一些更加有效且危害更小的女性节育措施;

六、研制男性避孕药并分发给众人;

七、游说你所在的教会或宗教会众,改变他

---

[1] 美国共和党政治家,美国众议院前议员。

们对节育和堕胎的保守立场；

八、参与为所有工人争取高于最低工资标准薪水的运动，如此一来，每个人才能够拥有一些选择；

九、要是你认识这样一个特定的孕妇，她想保住她的孩子，但她没有受过教育、没有钱，也没有家人的支持，那么，请为她提供个人庇护，或成为照料她的家人——当然，这个选项是为那些高尚人士保留的；

十、成为一名愿意实施堕胎手术的医师，或是成为一名愿意代表实施堕胎手术医师、诊所老板和工作人员利益的律师。

这份清单无穷无尽。然而，在我看来，至少有两条女性主义的底线：将堕胎定为非法并不是一种女性主义的做法；强迫生母将婴儿交给他人抚养也不是。很多研究让我相信，当亲生母亲将她们的新生儿给他人收养时，她们最终也会失掉她们精神上的宁静和心理健康。并且，即使是那些被爱、得到了精心照料的被领养儿童，他们心理上也比其他儿童承受了更多的痛苦。

你若问我，根据**女性主义者**的工作状态，我是否认为第二波女性主义运动在争取做母亲或做父母的权利上,和在争取保持堕胎的合法权利上一样努力?我的回答是"否",我不这么认为。但获得堕胎权比重新定义家庭要容易得多。

作为美国人,我们仍将一些事情视为个人的、私密的事务,因而回避集体性的社会解决方案。我们一直都是这样做的,我们自酿恶果。

你从我们这里继承了没能重新定义家庭的后果。这一任务便交与你了。

第十五封信

——

母职的喜悦

Letter Fifteen

说到做母亲这件事，抛开我从书本中学到的一切，我和其他女性一样无知。我曾以为，做母亲在我们这个社会中是受人尊敬和值得奖励的。我想错了。做母亲反而会更经常地受到惩罚——尤其是受到雇主的惩罚——或者得不到亲人和朋友的支持。("不要指望我来给你带孩子。我完全是靠自己抚养孩子长大的。现在，轮到你了，你自己处理吧。")

我原以为，我儿子的父亲是永远不会弃他于不顾的；我又错了。父亲的遗弃是我祖母那一代人可能会害怕或早就预料到的事情，我不相信这种事会发生在我身上。不会发生在我的男人身上，更不会发生在我家那位**女性主义**男人身上。

我还以为，比起一位女性主义临时"家庭煮夫"，作为亚马逊女战士[1]般职场女强人的我，可能更能轻易地丢下孩子不闻不问；我又想错了，统统都错了。对于我那襁褓中的儿子，我简直一刻也不能丢下他不管。我原先还以为，我可以靠自己的经济所得独自抚

---

[1] 希腊传说中的女战士族，她们高大强壮、骁勇善战。

养一个孩子；我错了，这对任何人来说都太艰难了。我原也以为，亲人、朋友和社会都会分担或帮衬我做母亲的英雄事业；我又错了，那对大多数人来说都太难承担了。

我认为我的情况很独特，而且，每当做出不好或错误的选择时，我都会责备自己；又错了，我的情况太过普遍了，而且完全不是我个人的错。

了解了这一切之后，我开始变得激进了。毕竟，我可是生育了一个人呀。有了这番醒悟之后，我还能把这身母职的制服和军功章当回事吗？

我了解到，尽管有很多商业广告会突出强调母亲身上多愁善感的形象，但母职本身是如此强大、如此神奇，以至于它会令人感到恐惧、会遭到惩罚、会被孤立和隔离。怀孕和做母亲的经历会让你体会到一种更天然、更灵性的存在于世的方式——这种方式在我们的文化中被蔑视，而不是被奖励。我还了解到，很多母亲并不认为（不被允许这么认为）她们所做的是什么特殊或伟大非凡之事。

1977年，当我选择成为一名生物学上的母亲时，我最亲密的女性主义同志中没有一个人是孕妇或是年幼孩子的母亲。那些已为人母的，她们的孩子都已成年。有些人后悔在那么年轻的时候就被迫成为母亲。

有些人则压根对婴儿或孩子不感兴趣。

一天晚上吃饭时,我和我的一位女性主义朋友兼领袖分享了我怀孕的消息。"别要它吧。"她大喊道。"但这是我的身体。"我说道。"不要抛弃我们的小小革命。"她恳求道。"想摆脱我可没那么容易。"我向她保证。"你会后悔的,这会毁了你。"她警告我说。"那就让我赌一把吧。"我回她道。(我朋友是对的:我正在执行一项危险的任务。)她的爱人——也是一位母亲——在她离席时翻了下白眼并祝贺了我。

几天以后,我的这位朋友给我送来了一幅非常迷人的巨幅画作作为道歉礼物,她还给这幅画取了个名字:"**正值伟大孕期的菲利斯**"。然后,她和一位摄影师还试图说服我为《Vogue》美国版拍摄裸体孕期照片。我拒绝了。(我不确定当时《Vogue》美国版是否真的对此感兴趣。)不过,他们果真都是有着敏锐商业洞察力的人士啊,这可比《名利场》(*Vanity Fair*)封面上出现裸体孕期的黛米·摩尔早好些年呢。

在西海岸时,一些朋友还建议,我应该在一个被反复吟唱的女性主义女巫包围的山顶上分娩。他们把我的怀孕看作一件神圣事件。

我也是这么认为的。

当我做了母亲之后,我不得不**奋力争取**让助产士在医院陪护照顾的权利。我也不得不**奋力争取**产假，但这被阻止了；父亲的陪产假（以及父亲同室育婴）在当时仍然受到极大的嘲讽。双职工家庭弹性工作的想法也还没有被提出。社会仍然不鼓励母乳喂养——你不能在公共场合这样做，否则，你会感到极为不自在；公共洗手间也没有给婴儿换尿布的地方。

而这，仅仅只是二十年前的事情。

许多第二波女性主义者**的确**明白，怀孕、分娩和成为母亲，是伟大的通过仪式。她们成了助产士、母亲、神学家、仪式师等。在女同性恋和异性恋单身女性中，也出现了婴儿潮。然而，即使是**最低水平**的儿童抚养费立法，距离此时也还需要数年时光。我们发现，让那些（不情愿的）父亲为他们的孩子支付抚养费用，或是让他们与孩子建立情感联结仍然几乎是不可能的事情。我们想要说服国家和联邦立法机构，妇女和儿童是我们国家的未来，因此，我们必须改善为人父母者的工作环境。为人父母的工人不能忍饥挨饿、无家可归、没有医疗保健和体面的教育，但我们失败了。

我这一代的女性主义者，无法确保每位女性都享有合法、安全、负担得起和有人文关怀的母亲身份。

这是你要继续奋斗的事业。

不要觉得你必须生育。在你的生命中，有很多种方式可以拥有孩子。尽管我们不必成为亲生父母，但在我看来，我们**确实**必须为下一代承担起责任。

不要抛弃你选择生下的孩子。

你不必非得有个孩子或配偶才能成为一个家庭中的一员。你不需要政府来证明，你是一位合法的家庭成员。你也不必为了对孩子负责，而选择生下孩子。

然而，我也相信，孩子们需要真正进化成熟的人——而不是大号的成年巨婴——来做他们的父母。

因此，在你成为自己、立足于世、能够养活自己，并且已经着手准备建立或维持一个大家庭之前，不要贸然生孩子。

第十六封信

现代的"成家"

Letter Sixteen

社会一再谴责女性主义者反对家庭。这并不属实。女性主义者反对的,是男性支配、父职缺失、只会责备母亲的父权制家庭。是存在一些好的父权制家庭:如果你恰好来自这样一个好的父权制家庭,那你很幸运。但不幸的是,在很多家庭中,孩子都会遭到严重的身心摧残,而他们很可能会将这些摧残再次加诸自己孩子身上。母亲和父亲历来会加强性别刻板印象和性别隔离。

女性主义的理想家庭——的确只是一种理想——是一个更加平等的家庭。女性主义者设想了各种各样的理想家庭,不止一种。人们有时会与朋友组建家庭;这类家庭通常得不到法律的认可,却有可能受到法律的制裁。一个有孩子的家庭,可以由一男一女组成,他们可能两人都与孩子有生物学上的亲子关系,也可能只有一人有或两人都没有。一个有孩子的家庭,也可能由一对同性(可以是一对男性,也可以是一对女性)组成,他们可能都是全职在家照料孩子的人,也可能只有一人是或两人都不是。

我认识两位成年的女同性恋人士,她们选择做另一对女同性恋伴侣儿子和女儿的认养祖母。她们认真对待自己的责任，定期照看孩子，跟他们一起共度节假日。就我所知，在这个组合家庭中，没有尖叫打骂的场面，没有人喝得酩酊大醉，也没有突如其来的单方面对孩子的不闻不问。

"家庭"的体验本应如此，但现实却往往并非如此。

我也认识一些祖父母，他们实际上承担着孙辈的父母职责——他们同时也是一个大家庭中的长辈，这个家庭里有收养、继养和亲生的孩子。

我还认识一位异性恋女士，多年以来，她一直在帮她的朋友们养育孩子。她拥有众多孩子，真是个有福气之人。

以上家庭的共同点，是它们有更少的性别角色刻板印象、更少的权威家长作风，而且，家庭成员之间也会更多地一起分担家庭职责和经济重任。

我相信，每个公民——不，应当说是每个人——都有权享受基本的健康和养老保险，无论他们是否拥有合法婚姻或是合法的父母。我们不是必须强行与另一个人"配对结合"才有权享有某些特定的福利。

尽管媒体经常污名化女性主义者的形象，但女性主义者明白，女性和男性一样，都渴望人际的联结和稳定——她们很少能拥有这些。传统男性很少会承担维持关系或家务劳作的工作。持家、育儿、安排度假和与亲属保持联络,常常是女性为其他家人做的事情,而不是其他家人为女性做这些事情——即使是那些同样在外工作挣钱的女性。

女性主义者想要创建的家庭,是不会让任何家庭成员负担过重的家庭,无论是经济负担,还是家务劳作。虽然文明社会应该是个人能为了他人的利益甘愿牺牲自己的某些东西,但女性主义的理想家庭模式,绝不能是只有女性在单方面做出牺牲。

我这一代的女性主义者发现,很多年幼孩子——甚至成年孩子——的已婚母亲,是多么孤独和被孤立。我们发现,妻子(当然,丈夫也是)在婚姻中往往在性和情感两方面都遭到剥夺——尤其是当她们有年幼的孩子要照顾的时候。父亲通常更容易在其他地方满足他们的自尊心和性需求。母亲则很少能够这样。

在我看来,孩子需要的绝不只是一位或两位父母;成年人需要的也不仅仅是一位配偶,无论这个配偶有多么优秀。我们都需要一个大家庭——一个可以相互支持、彼此依存的人际网络。通常,由于各种原因,这种大家庭不再以生物学的形式运作了,即不再专指由姑姑婶婶、叔叔伯伯和祖父母等组成的大家庭。如果我们想要一个这样的大家庭,我们就必须经常为自己创建它。

乌托邦式的理想家庭是很难创建和维持的。但如果我们有各种各样的女性主义"教会",即完全的精神－政治机构庇护我们的话,可能会大有助益。

不过,我还是希望你好好思考一下。虽然我坚信每个人都需要他自己的生活空间,但我也必须问一问,我们是否敢于一起生活,分担一些基本的开销,并消除一些我们在这个世界上从事女性主义事业所带来的孤立感呢?

但是,如果你认为与**某**位配偶或亲生父母相处艰难的话,你可以尝试加入那些由心理叛逆的"女儿"们组成的受困姐妹集体。在我那一代,当我们还是年轻的革命者时,过集体生活往往意味着要生活在几近肮脏的环境中。没有人打扫卫生,也没有人做饭。(反正,我从没干过。)

在20世纪70年代中期的某个时候,我在一个小村子里的某个女性主义集体留过宿。我是被邀请来的客人。而且,按理说,女人应该完全知道如何让客人感到宾至如归,对吧?但是,在那里,我找不到一条干净、干燥的毛巾,也找不到除了花生酱之外的一点东西吃上一两口。因为这个集体很有健康意识,所以,我也找不到一丁点儿咖啡。没有人把我介绍给其他人认识；无名女性的身影在四周不断来回穿梭。这些女性年轻、贫穷、睡眠不足、害羞，并且，也因自己身上明显带有的女汉子举止态度而苦恼。她们也宛如科幻作品中的人物再生：亚马逊女战士。这些人中，有的练习武术，有的会看塔罗，她们都在社区通讯报上发表文章，还创建了一台用于解决强奸危机的热线电话。她们从不举行派对，她们只会去游行示威。她们非常认真地投入革命之中。

那时的我与她们并没有太多不同，除了我认为有礼地招待客人还是值得称道的。

我还记得另外一个女性主义集体，她们的成员都会写绝妙的诗篇，她们的目标是要开一家带咖啡馆的书店。她们的烟灰缸总是满到溢出来也没人收拾，她们的窗帘永远拉着，在中午时分，总能看到一两个作家裹着毛巾浴袍，坐在那里喝黑咖啡。氛围上，那里总是午夜的反面。

那里的一项规定，是没有人需要像个老妈子一样照顾这些英勇的女性。当然，英勇的女性也绝不会伺候别人。

在这方面，请试试看，你们能否做得比我们更好？

很少有女性主义集体欢迎婴儿或儿童，尤其是男孩。这些集体也不欢迎老年人。然而，如果没有跨代际一起生活的经历，是不可能建立起一个家庭或社区的。

记住这一点。

在我这一代人成长的那个年代里，一些乡村女性主义集体的确一起做过一些十分光荣的事情：盖房子、建女神祭坛、学习射击、开拖拉机、种植庄稼、修理汽车等等。我认识一位女同性恋，她从哈佛大学获得了博士学位，然后消失了多年，一直在大众汽车的引擎盖下修理不正常运作的机器零件——她这么做，部分是出于其男性身份认同，部分也是由于她对自己出身中产阶级的内疚之情。

我仍然爱这些非凡的女性。我永远也不会忘记她们。

接着，我们这代人的青春燃尽了，一个时代结束了，但女性主义者仍在前行。

事物不一定非要一直持续下去才算是好的，当它结束时，也并不总能证明人们原先秉持的原则就是错误的。

第十七封信

婚姻：关于思想的博弈与角色的选择

Letter Seventeen

新娘子的婚纱照和婚礼故事又重新流行了起来。在结婚照上，富有阶级的名人新娘崇拜万分地端详着她们的新郎；她们穿着极其昂贵奢华的婚纱礼服，有些矛盾的是，这些服饰既性感迷人，又能彰显出新娘的纯洁。关于新婚夫妇如何邂逅，以及在哪里购买瓷器的故事，总是会以精致浪漫的小插曲呈现给众人。我承认，我会读这类小故事。为什么不呢？报纸上其他可供阅读的都是关于战争和其他人类暴行的故事。如果非要在它们之中选择的话，我还是会为能看到一位新娘的故事感到一阵高兴，至少在这一天内，人们会抛开她的性别，把她当作特别之人。

男女同性恋人士也会选择类似婚姻的仪式，并在争取由国家认可的合法家庭伴侣关系。

众所周知，婚姻这种制度不太可能在短期内消失。但是，它肯定不是一种女性主义式的制度。我不反对你选择结婚的权利。但我反对你盲目进入婚姻。

到现在为止，你无疑已经得到了社会传达给你的信息：如果你不结婚，你注定会一辈子过着孤苦无依的生活。没有人会爱你。人们会认为你不正常，是个自私之人。你会毁了你父母和家族好不容易获得并代代相传的不朽门楣和名誉，此外，你也无法感受到生养孩子的喜悦。没有人会陪着你慢慢变老，也没有人会记得你年轻时的模样。**上帝也叫你结婚**。哦，试着嫁给一个有钱的男人或娶一个富有的女人吧，你是可以学着爱上他们的。

在这类铺天盖地的社会宣传中，就让我的声音也被人们听到吧。

至少，我希望你能在结婚之前好好考虑一下婚姻。我自己就从来没有好好考虑过。

没有人会告诉你，实际上，**我们所知道的那类婚姻可能会阻碍我们得到我们最想要的东西**：爱、激情、尊重、安全、稳定、长久、成长。从来没有人告诉过我，父权制婚姻远非解决问题的办法，与之相反，它对女性和她们的孩子来说其实是非常危险的。有时候，对于女性而言，私人住宅才是最危险的地方。

如果你们——身为女性主义者的女性和男性——想要建立稳定、幸福、平等的组织，那么，你们可能不得不忘掉几乎所有那些被仔细教导给你们的事情。也许你们真的没有办法做到与任何人结婚或是维持类似婚姻的关系。我并不是说，你们不能彼此相爱或生活在一起；我指的是，你们这样做必须不是基于你们天花乱坠的想象，而是由于其他原因和条件。

尤其是女性，不要寻求一位保护者或类似父亲形象的人：这对你不会有任何好处。我们都是相互依存的个体，但是，你只应该与和你平等的人结成伴侣，而不是比你强势的人。

埃玛·戈德曼[1]说她也反对婚姻——如果没有什么其他原因的话，那就是因为婚姻制度把荆棘冠戴在了无辜婴儿的头上，如果他们的母亲没有结婚的话，世人就会骂他们为野杂种。

此外，每有一段被人们称为天作之合的婚姻，就有一段在地狱缔造的冤家孽缘。众所周知，很多婚姻都无法长久，而且，许多存续下来的婚姻也确实都是以高昂的代价换取来的——男人和女人都付出了惨重的代价。然而，离婚也不是解决的办法。离婚并不能解决我们的经济问题，也无法解决我们对家庭和社群的渴望。

我并不是说，异性恋男性和女性不能或不应该彼此相爱、生活在一起或一起建立家庭。有些已婚人士说，他们对自己所拥有的婚姻生活感到非常幸福或感

---

[1] 生于俄国，后移居美国，无政府主义者、反战主义者、女性主义者。戈德曼因倡导社会主义和无政府主义而被媒体冠以"红色埃玛"之称，著有自传《过我自己的生活》。

到足够的幸福，我自然也没有理由不去相信他们；也有一些单身人士说过同样的话。且听我说两句：我并不是在说，未婚的人比已婚的人更加幸福，我也不是在说，贫困的单身母亲比富裕家庭的双亲更好。

我想说的是，从一种女性主义的角度来看，就历史上而言，几千年来，我们所知道的婚姻制度一直都是一种强制的经济协议。这对结婚的男女双方而言，都是如此。合法婚姻经常（但也并不总是这样）将已婚女性与其娘家人隔离，并会阻断她们与其他女性产生联结。婚姻也压榨剥削女性，将其作为住家的契约工人（没有薪水），并视她们为专供生育的仆人。此外，在以前，若妻子在家庭之外工作，婚姻还会使丈夫有权获得妻子的工资收入——当然，丈夫也能获取她的个人遗产。

婚姻也在性方面压迫女性：就在不久之前，妻子还不能指控她的丈夫强奸她。根据婚姻的定义，妻子是丈夫的性财产和生育机器。（如果一位妻子指控她丈夫婚内强奸，那她仍然必须要说服法官和陪审团相信这一点——这可不是一件容易做到的事。）婚姻也会危害女性的身体健康：直到最近，女性才可以指控自己受到了家暴。然而，女性距离结束她们的婚内家暴和赢得自卫的权利，还有很长一段路要走。传统妻子无假无休，也不能拥有情人，而要是她丈夫出轨、在外拈花惹草的话，社会则认为，妻子理应原谅他。

这可不是一幅美好的婚姻图景。

如果我们的备用选项都是"坏"的选择，那么，两害相权取其轻可能就是你能做的最好的选择。但这并不意味着，它就是一个女性主义的解决方案。一个真正女性主义的解决方案，需要你去寻找那些和你处境相似的人，她们看待事物的方式和你一样，而且，她们也想要建立一段女性主义婚姻或创建一个女性主义社群。

那些可见的、主流的、女性主义的可选项，还没有被创造出来。

我父母的婚姻持续终身。他们并没有指望他们的婚姻幸福。但最后，他们所有的期望都实现了。他们只期待经济富足、好好过日子，并抚养好他们的孩子。就这方面而言，他们是十足成功的。

我从不想要我父母这样的婚姻，我也从来没有过这样的婚姻。

然而，我确实结过婚：还不止一次，而是两次。但激情没有长存，承诺没有兑现，我的生命还受到了威胁。尽管在婚姻中，双方都无意伤害彼此，但伤害确已造成——我们双方都受到了伤害。

对此，我深感遗憾。

第十八封信

——

女性的神游状态

Letter Eighteen

女性常常会接受失败，认为失败是理所当然的事情；她们往往为自己能充分利用失败感到自豪。通常，当一位"好"女性赢得了"一点点成就"——无论是在家里还是在工作中——她都会夸大其重要性，并且，对于哪怕一丁点儿包容和合作，她也会满心感激。

作为一名女性主义者，切勿将失败或合作与胜利混为一谈——受压迫的人往往会这样做。

切莫满足于一丁点儿的奉承或象征性的进步，而让自己止步不前。

在我这一代女性主义者看来，要是我们的对手关注我们、采访我们、发表我们的观点或者哪怕是以最低限度的方式奖励我们，我们常常都认为，这就表示所有女性的情况都得到了改善；毕竟，他们为我们个人改善了一些，不是吗？直到今天，大多数女性的命运仍然得不到公正的对待——无论我这一代的女性主义者发表了多少精彩的演讲，也都无济于事。

女性——也包括女性主义者——为了承受住我们认为无法改变的事情，进入了一种神游状态。街头的言辞谩骂、家中的乱伦失德，我们假装它们不存在；

人人都觉得，我不在场，跟我没关系。的确，这样想有助于我们生存下去，但它让我们的灵魂脱离了肉体，也阻断了我们与父权制决裂的可能。

几年前，我参加了一个小男孩的成人礼派对。这个举办成人礼的小男孩父母离异了。在这次派对上，我找到了一群单身女性并加入了她们。我们就站在那里，举止活泼，言谈甚欢，手臂上戴着手镯，手指上戴着闪亮的宝石，大声笑语着。当那位我素未谋面的成人礼男孩的父亲朝我们走过来时，我还沉浸在我的话题中无法自拔，紧抓着很多笑谈不放（我们都这样）。

这位父亲蓄着胡须，眼神慈祥，他也口齿伶俐，衣着考究。这是一位离异的男性，目前单身可约，在曼哈顿还能活得如此散漫悠闲。于是，我们的单身和慕男属性便开始蠢蠢欲动，不知不觉地将我们谈话的重心从我们欢快的女性群体转移到了他身上。然后，那个男人单独对我说："噢，你说的话真叫我兴奋。我可以操你吗？"

是的。他真的这么说了。

听完后，我花了几秒钟才缓过神来。但首先，我承认，我内心那个沉睡着的小女孩感到的是受宠若惊。那感觉就像我最终赢得了选美大赛，王子想要我。但是，他真正想要的，甚至在他认识我之前，就是操我：仿佛任何女性都可以降级为她的性器官并"被占有"。仿佛我们每个人都只是在那儿消磨时间，只等着他来选择我们其中一人似的。实际上，我们每个人也确实都渴望将其他欢笑着的女孩抛诸脑后，以便促成这笔交易。

我们曾经就这样做过——在我们还是青少年的时候。如果一个男孩子想要我们，我们就会放闺密的鸽子。只是爽约吗？我们还会在话说到一半的时候停了下来，永远抛弃了对方，只为了那份可疑的特权殊荣——有个男孩子想要占我们的便宜。我用"占便宜"一词不是因为我反对性本身，而是因为在我成长的那个时代，任何像男孩一样在性方面大胆冒险的女孩，都会被打上烙印并被羞辱。就像我当初那样。

所以，这次，我花了整整两秒钟才回过神来。当然，我没有揍他。我不能毁掉一个孩子的成人礼。于是，我像个"淑女"一样处理这件事：我假装没有听到他说的话。我们所有人都在假装。我们假装得如此完美，以至于我实际上还问另一位女性，这个事情是真的发生了，还是我想象出来的？我们都是"淑女"，早就习惯于假装我们可以承受一切，不管要承受的是什么，我们都不会大惊小怪，不会再去讲述，甚至都不会记起它，而且，我们也绝对不会去起诉、痛打或是枪杀任何"只是"在言语上侮辱或伤害我们的男人。

我们就这样自然而然地掩盖掉了这个男人小小的无耻行径。我们深知,最好不要要求他对他说的话负责,或者在公开场合羞辱他。我们可是"淑女",我们是不会降维到他的层次去和他计较的。另外,也许他根本不知道自己在说什么,也许他没有恶意,也许他的话并没有那么糟糕,毕竟,比这更糟糕的事情多了去了,我们不想破坏这场成人礼派对。你知道的,这类辩护的长篇大论。

我们女性会去"忘记"让我们感到害怕的东西。我们不会动员反击它。就算是女性主义者,也容易受到这种抹杀一切的遗忘的影响。

现在是 1993 年了,我正和其他一些资深女性主义者会面。我爱这些女性,我们回溯过往,她们就像我从未有足够多时间去陪伴的亲人一样,而现在,我想更好地了解她们:她们付出的代价,以及她们如今过得怎么样。我很感动,我们都变得更加虚弱、悲伤、渺小了,却又都浸润着历史的芬芳,因而也变得神圣——就像克里特岛博物馆玻璃柜中那些小小的女神雕像一样。令人难以置信的是,我们现在仍然敢于挑战和反抗。我们也依旧渴望见到彼此,渴望付诸行动。

所以,我们谈论的是我们拥有的女性主义意识和我们匮乏的行动、金钱、健康、社群，以及我们认为，到了现在，我们该发起一场革命了，但我们又会因日常每一个困缚住我们的细节而感到我们是多么的失败啊。我们感到被缚于原地、不得动弹了，仿佛我们是一群被困在衰老身体中的青少年，又或者是被缚的天使：长着翅膀，永生不朽，却不能再飞翔，而且失去了过平常生活的技巧。

接着，轮到玛丽昂发言了。她说："我杀了一个男人，是我父亲。他一直在强奸我，所以，终于有一天，在我十六岁的时候，我反抗了。我们双方都奋力抗争，我狠狠地痛击了他，然后他向后一仰摔了下去，滚下楼梯，当他摔到地上时，他就死了。"

全场一片肃静。没有人坐立难安，没有人起身倒咖啡、清嗓子、抚摸她的头发、伸手拿纸巾，或者对坐在旁边的人耳语些什么。

"我母亲把这次事故当作一场意外，从某种意义上来说，它也确实如此，但我很高兴他死了。警方也从未提起过任何指控。"

然后，在接下来幸福的一小时里，我们不再想着自己，我们变得生动活泼、兴致勃勃且专注，我们说着、笑着，脸颊变得愈发红润，四肢也充满了活力。但这是否意味着，作为一个女性群体，我们就会支持那些为了自保而杀死她们父亲的乱伦受害者呢？我是否终于等到了扩大女性自卫定义范围的这一天呢？

等我们这群人再次见面的时候，大约两三个星期过去了。我问了当时在场的几位小组成员，她们怎么看玛丽昂的故事。结果，一位女士回道："你指的是什么特别的事情吗？毕竟，那天我们每个人都说了很多话。"第二位女性则回答说："她不是将一个男人推下了楼梯吗？一个小偷，嗯，我想她说的就是小偷吧。"第三位女性则说："我不记得她说了些什么了。她是和警察有什么问题吗，还是她和她妈妈之间有什么矛盾？你是指这个吗？"

我没有在开玩笑。瞧瞧，集体健忘症。生动活泼全都消失了，不带任何情感。

"你们是都疯了吗？"我质问道。我提醒了她们玛丽昂说的确切的故事。"哦，是的，你说得对，是这么回事，这怎么可能会忘记?！好吧，我们其实并没有忘记这件事。但是，今晚我们还有其他的事情要讨论。"

作为女性，人们认为我们理应每天忍气吞声、承受日常的伤害和羞辱。很少有女性会说，"这就是我不可触碰的底线"。因为，当我们这样划清界限的时候，会提醒其他女性关注审视自己的生活，而这会让她们感到不舒服。为什么女性会对我们这种忍辱负重的能力如此自豪呢？原因无他，是女版的大男子主义。

他们对我们做了些什么？我们又对自己做了些什么？

当一位女性清楚地知道外界可以给她加诸什么伤害，还是会想方设法帮助其他女性时，她就是一位勇敢的女性。当一位女性能够与其内心那个"乖乖的小女孩"顽强抗争时，她就是一位勇敢的女性。因为她内心的那个声音会说："管好你自己的事，照料好你自家的花园吧！不要去帮忙，你会摊上麻烦的，你会被抓住的，你会后悔的，你会受到惩罚的，**没有人会喜欢你的！**"

我们的自由斗士在哪里？我们那些准备好深入敌后的英雄又在哪里呢？我们的人数目前仍然太少，还不能除旧革新，让一切大为不同。试问，我们女性是否与自己的身体，以及其他女性严重脱节了，以至于简单的抵抗都比我们日常面临的屈辱和死亡更能吓倒我们？难道大多数女性都如此投机、如此懦弱，以至于我们竟甘愿为奴役我们的主人赴死，却不想为我们自己而活？

我当然希望不是这样。

第十九封信

——

边界

Letter Nineteen

"好"女孩不会动手打人。好女孩会注意自己的仪态。好女孩坐下时双膝并拢,尽量在宇宙中占据最小的位置空间。好女孩也不应大声说话。好女孩嫁的那些男性会为她们发言。

比起男人的军事武器,人们反而更害怕女性被压抑的愤怒的力量。我们常常觉得,女性的愤怒可以毁灭整个世界。我们经常忽略或过分小觑了男性愤怒的不良后果。

我三十三岁时第一次动手打另外一个女人。那是1973年至1974年间的冬天,几个月来,我一直告诉我和艾伦所有的朋友,我觉得艾伦最近好像在针对打击我,除非她能对此做出一番解释,否则我会反击回去的。我指的是武力反击。我很清楚这一点,我喜欢直截了当——所有好女孩说的都是"不不不,千万不要"。

所以,当我毫无防备地走进一场派对,发现艾伦就在那里时,我差点就掉头走出去了,但为时已晚。艾伦也看到了我,而后,她只是把目光移开了,有点鬼鬼祟祟的,又充满防御性。或许,要是当时她能走过来跟我说说话,我反而会因为尴尬而不对她发起我的拳头威胁。但是她没有。所以那天，我干的事既笨拙，又大胆。

所以，"砰！"我一拳打在了她嘴上。我下手并不重，她可以回击我的，然后，事情就可以在那里当场解决掉。但她没有回击——所以，我又打了她一拳。"砰！"又一拳打在嘴上！她男朋友只是呆呆站在那里看着，敲了敲他的烟斗，问道："亲爱的，这个女人是谁呀？"

哦嚯，好一番轰动！急诊室、警方报告、威胁性的刑事和民事法庭诉讼等等。一时之间，女性主义者的电话铃声响彻全城。那些不久前还呼吁要"在街头浴血"以及"阉割强奸犯"的女性，都对此事感到震惊，情绪异常激动，因为我，一个女人，打了另一个女人，还打了两次，虽然没有造成持久的伤害，但我是在公共场合打了她，而且还是出于政治原因。如果我是一个男人，她们可能会说："他压力太大了，我们都没有看清谁先动的手，他们两人都喝得太多了，还好没有造成什么伤害，算了，就别计较它了吧。"

如果我是一位丈夫，我刺伤了我的妻子，或把她推出了窗外，或把她杀害并切成了几千小块，人们可能也会说："我们并不在现场，我们不知道究竟发生了什么事，肯定是她逼他到走投无路才这么干的，都是她咎由自取。她让他丧失了男子汉气概，她太爱花钱购物了，她和另一个男人有一腿……总之，不管怎么说，他是个天才，他现在也很自责，他是个笨拙的老实人，他是我们的朋友，常常请我们吃饭，他可是我们亲爱的大男孩呀。"

令我震惊的是，所有人都只关注我打人时那看得见的拳头，却根本没有人看到我承受的那些无形的针对性打击。艾伦对待其他人像"好女孩"一样行事。我有错是因为我失去了我的女子气概，即在遭到暗地里的竞争、言辞辱骂和缺德之事时，我没有忍辱负重的能力。要知道，这些事仍存在于很多女性的生活中，她们都习以为常了。

颇为有趣的是，在我打了艾伦之后，我们之间的那种敌对气氛也就消失了，我们竟然成了最好的朋友。只有在我打了她之后，只有在我也伤害了她——就像她当初伤害了我一样——之后，我才能够忍受听她讲起她那不幸的童年，那是她糟糕行为的原因所在。并不是我理解或原谅了艾伦，而是，真挺奇怪的，从那一刻起，我们就成了亲密无间的好闺密。

我们感觉我们像是一起长大的姐妹，或者我们上辈子曾是恋人。那时，我们还都是乖巧的女孩、异性恋女性。我那时有丈夫，她也有男朋友，因此，我们之间突如其来的亲密感很不可思议，也很是神奇。我打破了一项禁忌：女人之间不应该有身体上的彼此接触，不能在愤怒中武力动手，也不能在情欲中卿卿我我。但我却这么做了，并且，我们都还活着，可以讲述这个故事。我们还了解到，有时候，言语是乏力的、不足够的，糟糕的举止行为也并没有人们想象的那么糟糕，女性也可以表达愤怒——甚至是肢体上的冲撞——这并没有毁灭这个世界，以及，我们女性也不必怀着永久的仇恨委屈地生活着。

从那一刻起，艾伦和我都明白了瓦莱丽·索拉纳斯[1]在《人渣宣言》中的主要观点：大多数受过教育的中产阶级白人女性，都不会做任何被视为不好的事情，她们担心这可能会给她们招致一些麻烦。她们被社会化并被训练成只能以间接、暗地里的方式采取行动，背地里还相互监督，而不是监督男性权力机构。她们永远都不会踏入历史，只会步入所谓的"人生正轨"。

你的身体和你的思想，这两样在一起，就是你主要效忠的主权国家。作为一名女性主义者，你必须了

---

[1] 美国激进女性主义者，以代表作《人渣宣言》(*SCUM Manifesto*)和试图谋杀安迪·沃霍尔的举动闻名。书名中的"S.C.U.M"，即英文单词"scum"，意为人渣，也是该宣言中声称要建立的"刹男人协会"(Society for Cutting Up Men)的首字母缩写。

解，并且要知道如何捍卫你的国家和它的边界。

我这一代的女性接受的教导，是要让自己对他人有用；男人可以把他们自己放在第一位，而不必被叫作自私鬼或是受到惩罚。作为一名女性主义女性，你必须确保你不是事事都对别人有求必应，也即，不要那么轻易地违背自己的意愿而被他人侵犯边界。不管是被男人，还是其他女人，抑或是那些处于危机中的人——包括你年幼的孩子。

你能做到这一点吗？

作为一名女性主义男性，你必须学会不要动不动就将其他女性视为你唯一的母性慰藉来源，而是要成为自己和他人——无论他们是男性还是女性——的母性慰藉力量。

我们必须各负其责。我们是一个集体，我们最脆弱的部分决定了我们整体的强弱。

要是我们无法指挥强大的、非父权制的自我，那我们所提供的帮助只会成效甚微。要是我们每个人都没有足够强大的力量照顾自己，我们的集体事业就不会成功。

遏止针对妇女和儿童的暴力取决于我们每一个人以及我们所有人的共同努力。我不是在建议，我们要成立复仇的自卫小分队。我指的是，女性主义者要试着理解并真正了解这一点，除了我们自己，没有人能够拯救妇女和儿童。因而，如果我们还不知道该怎么做的话，我们最好现在就开始好好考虑它。

女性主义者是否应该学会物理防卫保护自己和他人，然后被其他妇女和儿童雇用呢？嗯，为什么不呢？

你要明白，作为女性主义者，你还必须学会怎样对成年女性怀有和表达同情，知道如何领导、如何追随，以及如何成为团队中的协作成员，这样，才能实现那些无法独自实现的目标。（许多女性主义男性可能已经有了一种强大的自我意识，因为他们是男性；他们可能需要在相反的方向上努努力，以便取得更好的平衡。）

为了与他人建立更好的联结，我们每个人都必须将一些相同的，而不仅仅是一些可比较的技能，摆到台面上来。

大多数——不是全部，只是大多数——成年男性，往往都比大多数成年女性个头更高，也更强壮。男性的声音天然低沉浑厚，他们也受过训练，倾向于指挥别人。与女性不同，男性被教导要勇往直前、想要就去争取，他可以迎头猛揍另一位男性而毫无歉意，甚至都不回头看一眼就扬长而去。当一位男性坐下时，他会以自己感觉舒适的方式，张开双腿。而女性则被教导，坐着时，要双腿交叠并拢、收腹挺胸。

令人难以置信的是，在人行道上，女性往往会为那些踏着轻快步子、游手好闲的男性让路。女性会"假装"没有听到他们的言辞辱骂，她们快步走过，眼眉低垂，在这个世界所有的街道上，也都大抵如此。大多数穿高跟鞋的女性都跑不过一位男性：不管是在求职的路上，还是跑着去打计程车的时候，又或是在逃离一个强奸犯的侵害时。一个男人通常有更多可供自行支配的休闲时间。他却不像众多女人那样有容貌焦虑：这样的自己是不是很丑？有没有太胖、太瘦，或体毛太厚？丑陋的男人会被视为有个性之人；而稍微有些达不到（人造、非自然）理想的女性，都会被贬低为"丑女人"。

如果一位女性想占据更多空间，多说而不是多听，她可能就会被人叫作婊子或臭阴沟。但是，如果有更多像她这样的女性，她就不会孤立无援。

一旦你开始占据你的空间，就准备好被人冠以以下各种骂名吧：高傲、敌对、傲慢、自负、愤怒、暴躁，以及不像个淑女。你也可能因为发生在你身上的任何不好的事情，而被人们回避或受到他们的指责。

那又如何呢？做"好"女孩也并没有让女性走多远。不是吗？

尽管如此，害怕遭到人们的口头羞辱，接着被人像躲瘟神一样回避，正是众多年轻女性学会这样说的原因："我不是一名女性主义者，但是……"这种策略根本行不通。无论你是否称自己为女性主义者，我都希望你学会为任何被我们的文化羞辱和回避的事或人挺身而出。不要效仿那些说"我不是一名女性主义者，但是……"的年轻女性，她们希望自己的个人生活能得到改善，拒绝战略性的思考。无论你是否亲身经历过任何歧视或迫害，也无论你是否允许自己意识到这一点，性别歧视都是真实存在的。它的确存在，而且，坏事也的确会发生在好人身上——我们是相互联结、荣辱与共的。

虽然我希望你变得独立自主，但我也希望，你能成为强大的团队里的一员。我希望你能庆贺你身上的与众不同，而不仅仅只是接受它们。你们每个人都必须建立一个自我，保持自我的强大，培养一种强烈的边界意识，不侵犯他人的边界，但也绝不允许任何人侵犯你的边界。记得上大学的时候，我非常大胆地在宿舍门上贴了一张告示，上面写着："时间就是生命。任何浪费我时间的人都是在谋杀我。请不要这样做！"

如果你想被某个人拯救，那就自己成为那个人吧。成为"白马公主"。她就是你。

第二十封信

——

讲述

Letter Twenty

有时候,家庭会选出一位成员作为大家的出气筒,而后,家人们便会毫不留情或毫无理由地将其当作替罪羔羊对待。这个过程一旦开始,基本就不可能逆转。试着阻止迫害者的话,他们会将矛头转向你,或是回避你。这样的家庭宁愿流放甚至杀死他们家那位所谓的"害群之马",也不会让任何人对他表现出哪怕一点善意。

如果你跟人诉说,他们就会给你扣上屎帽子,叫你闻起来很臭,这样就再也没有人会相信你了。如果你跟人诉说,他们就会把你赶出家门,而这是你在这世界上唯一的家庭了。如果你跟人诉说,他们甚至会危害你的生命。从他们的角度来看,这是*你已经对他们做出的事情*——想要揭发这一整个阴谋骗局。如果你能活着逃出去,那你就领先一步了,但是,你无法全身而退。如果你跟人诉说,你的那些中产阶级女性主义朋友都会像看疯子一样看着你:"你表弟找了黑手党来要你的命?你是认真的吗?你肯定是在夸大其词。你是在跟我开玩笑的,对吧?"

是的呢。那就再给你多来一块开胃饼吧。

我有个表弟，以前就住在我家隔壁。在我离开老家一带时，他还很年轻。二十岁的时候，他遭遇了一场可怕的车祸，足足昏迷了一个月。在这之后，他就像变了个人一样，经常勃然大怒、乱发脾气，也开始与人滥交——甚至向我求过欢。

我表弟三十岁的时候，终于交到了一个女朋友，他假装承诺要改邪归正。他女朋友当时减掉了五十磅体重，也假装自己不胖。他们都假装自己平时就是这样，最后，他们结婚了。然而，几个月后，他们就变回了原来的自己。她体重增加了，他常常为此羞辱她。她则报复性地购物，而他也会带妓女回家。她拒绝去工作，却期望能维持高水准的生活开支。于是，他只好赚钱，拼命赚钱，但他也越来越蔑视她了。他开始恨她，诅咒她，也开始殴打她。

她总是原谅他。她也从来没有将这件事告诉过任何人。

我表弟总是在工作中与人发生口角争执，并常常因此丢了工作。他妻子总会为他整理出新的简历，亲自开车送他去机场，因为他要从那里搭飞机参加新的工作面试。我只去我表弟家拜访过三回。头一回，我突如其来地去他家拜访，带着我当时的男朋友。我表弟二话没说就把那个男人赶出了门，转过身来就责问我，他的面部因愤怒而扭曲，那样子就好像我是他的妻子，而他突然发现我背叛了他。我很快逃离了那里——简直是个地狱。

而后，很长一段时间过去了。我常寻思，也许是我夸大了我的经历。我还记得我表弟蹒跚学步时的样子，那时，他总是到处跟着我——当他母亲不让他这么做时，他哭得多难过呀——但是，这是很久以前的事情了，那时的他，还留着小孩子的长鬈发，脸上挂着甜美信任的微笑。

我表弟和他妻子经常吵架。当我再次看到他们时，他妻子已经很讨厌他了。他也更加恨她了。他们对付对方时丝毫不留情，常常手边抄起什么家伙就当作武器。她有一张不饶人的利嘴。他也不是好惹的，嘴也很毒，此外，他还有他的拳头和一身力气。于是，他动手打她，她便购物消费，她购物消费，他便召妓嫖娼，她则暴饮暴食，吃了又吃。她暴饮暴食得多么疯狂啊！

我告诉我表弟他应该从中摆脱出来，去看下心理医生。我跟他妻子也说了同样的话。否则，他们在这件事上会一任如故，直到他们中一个人死去，或者他们杀了彼此。

后来，他们搬去了一个新的城市，买了一套昂贵的房子，加入了对他们有益的俱乐部。妻子每天的生活就是购物、顾家和照料他们的女儿。她成了一名全职太太和母亲，这正是我表弟想要的生活。她喜欢做美食大餐，也爱款待他人。

她就像嫁给了房子一样，一步也不肯离开，仿佛房子就是她的全部。房子里展示着她精美的瓷器、蓬松的毛巾、地毯，还有带穿衣镜的卧室家具。她永远不会离开这所房子——不管他多少次把她的头摁在地板上、把她的脑袋撞在墙上、把她揍得鼻青眼肿、把她锁在她的卧室里。有一次，为了防止他进门，她在卧室门上装了一把锁，而他直接把卧室的门卸了下来。她在被家暴从他身边逃跑时摔断了一条腿，他好几次都扔掉了她的拐杖——不，不管他对她做了什么，她都不会让他赢，她也不会承认，这场婚姻就是一个小型的奥斯威辛集中营。她紧紧抓着毒气室的墙壁不放。她一步也不想挪动。

直到有一天，他们的女儿告诉邻居，她父亲把他的生殖器放在了她的肚子上。

然后，我表弟的妻子便歇斯底里地打电话给我——瞧瞧，我多幸运。我告诉她立刻带着孩子，离开家，直奔机场——行李也别收拾了，赶快离开那个州。我们会努力尝试像一个和睦家庭那样处理这个问题。相反，她没照我的话做，却把我的话全盘告诉了我表弟。她认为这会让她在和丈夫的斗争中占上风。然而，她得到的却是离婚，以及一场地狱般的监护权之战。

考虑到我是处理这类问题的专家，揭发我表弟虐待儿童的那位心理治疗师也先给我打了电话。"做你必须做的事。"我跟她说。但是接下来，我表弟开始跟踪这位心理治疗师，她吓坏了，又给我打电话，我再一次告诉她："做你必须做的事。"

这位心理治疗师后来彻底离开了那个州。

据说，我表弟之后还继续跟踪她。

后来，我表弟的妻子终于逃到了一处被家暴妇女收容所。我表弟认为，我肯定个人资助了那家收容所，他还认为是我教唆了他妻子的叛逃，导致他最终可能失去女儿的监护权。接着，在听证席上，我因为拒绝为我表弟的利益说谎，他就开始联系黑手党了。也是在那时，他母亲也责备我，说我破坏了这个家庭。很长一段时间，她都拒绝跟我说话。后来，当她终于肯再度跟我说话时，在我们相处的大多数时间里，她也都是在埋怨我，说我站在了那个摧毁了她家庭的女人一边。

此后，我再也没见过我表弟。他母亲也很少再提起他，只是偶尔，她会叹气说，我深深地伤害了我表弟。

我爱她，我也爱我表弟，但是，我的荣誉感和理智都要求我去讲述，而不是去否认这些悲伤的家庭事实。

我说过，你可以去讲述，你也能够摆脱，但你无法全身而退。也许，我的确已经逃离了我的家庭，但我很快便又冲进了许多"教父"的怀中，我曾希望他们会成为我的"好母亲"。有些人确实是这样，但有些人却并非如此。

回想过去，在20世纪60年代中期，那是在女性主义兴起之前，我和一位黑暗王子产生了瓜葛。直到今天，我还是称他为"禽兽莫里斯"。

莫里斯是一名内科医生，比我大十岁。他从未和任何女人同居过。我们是在一所医学院相识的，那时，我是一名学生，他是一位教授。我当时还想，这回，我终于做对了一件事。莫里斯是位犹太人医生，正好是我应该嫁的那类人。莫里斯这种男友角色要求很少：一点点温馨的二人缠绵、在乡下度过一些精心安排的周末时光、偶尔参观几回博物馆、聆听一两次音乐会——我上钩了，深陷其中，准备好了在没有保护措施的情况下，在阴森的冰面上翻飞舞蹈，这一舞就是很多年。

莫里斯是位虐待大师。他越是羞辱我，我就越是难以离开他。没有人曾告诉我："快逃出去，这很危险，他是个危险至极的老手了。"莫里斯的那些法官、律师、医生、教授朋友，或这些朋友的妻子——一些三四十岁的和我们交往的成年男女——从来都没有提醒过我："小心，你还年轻，而且太容易轻信别人了。我们从来没见过莫里斯会对哪个女人做出承诺，他也从未对某个女人从一而终过，如果你对他'陷进去'了，但愿老天爷能保佑你吧，他是一个真正的憎女者，快点逃亡保命吧！"

我一直蒙在鼓里，丝毫察觉都没有。那时，女性完全靠自己，我们不会互相分享这类重要的实情。我那时二十五岁。我把我的青春都给了莫里斯。他把它从我身上拿走了，每个人都看到这场交易逐渐崩坏，却没有任何人冲进来将我从我自己或是他手中解救出来。于是，我开始酗酒、嗑药。我想过自杀——哪个女人没想过呢？虽然我很想，但我仍然放弃不了步入理想婚姻的梦想——正是这个梦想，差点让我丧了命。

要知道，我和莫里斯也共度过一些美好时光：那些在东汉普顿、谢尔特艾兰、阿尔斯特县农舍和能够俯瞰哈德逊河和东河的曼哈顿摩天大楼上的日子。我们在一起时交往的主要是莫里斯的朋友，而不是我的朋友。我们一起去看戏剧、看电影，然后再一起分析它们；我们会谈论他的研究，谈及他实验室中的技术人员，其中一位爱上了他，而他如何如何不能丢下她不管：她为他做的工作太过重要了。我们也会谈论起我的诗歌和短篇小说、我的研究生课程以及人生的意义。两个现代的、有魅力的、受过教育的人，坠入爱河，同居生活。

但是，关起门来，莫里斯会持续发好几个小时脾气。他曾经"冷暴力"我好几周时间。莫里斯总会鸡蛋里挑骨头似的对空气中的灰尘和干燥度有严格要求；他为我任性地不给散热器盘加水找到了一些合适的惩罚措施。他会在凌晨三点钟叫醒我，只为了叫我尝尝被人打搅的感觉。他还会藏起我的化妆品，毁掉我为考试准备的笔记，甚至扇我耳光。当他对我动手时，我会去厨房抄上一把菜刀，是的，我的确有那种勇气和气魄。而后，他会很快离家出走，一连消失好几天，给我一顿教训。

这是一个从未被命名的问题。它甚至从未被当作一个问题——很多男性都会这样，你只能学着接受，或者离开，而如果你选择留下来，那你就失去了抱怨的权利。莫里斯的朋友们表现得好像这一切正常，好像莫里斯有权做任何事，而且他都能够逃避惩罚似的。彼时，莫里斯的这些朋友是我仅认识的成年人。

当时，我总告诉自己，如果真的有什么不对的话，这些朋友会好心跟我说些什么的，不是吗？然而，事实证明，莫里斯**所有的**已婚朋友，除了一人，其他人都有婚外情。他们的妻子，一方面要忙碌抓狂地带年幼的孩子，另一方面又要挣扎在她们自己绝望的嫉妒中。

有一天，几乎像顺带一提似的，莫里斯明确向我表示，他当然也有一个情妇，比我大二十岁。一个好女人，她会为他完成所有的打字录入工作，而自己却没有什么要求。他明确告诉我，他是不会因为我幼稚的胡闹而抛弃她的。我必须习惯和忍受这一点。

我变成了科莱特，莫里斯就是维利。[1] 我可以自由地写出莫里斯的那些欧洲往事，在盛大的、同性恋文人间的风流韵事，他在色情表演中为我们、为我拍摄下的宝丽来照片，以及"三人行"游戏——他解决男性性倦怠问题的方法。"我的猫咪，"他会说，"别闹，冷静点。如果你能有点耐心，你会得到你想要的东西的。"

我在获得博士学位的那一天离开了他。我搬了出去，把一切都抛诸脑后。令我惊讶的是，莫里斯有

---

[1] 科莱特和维利的故事，科莱特二十岁时嫁给了大她十五岁的作家、批评家维利。维利发现科莱特有写作天赋便将其锁在房间写作，然后自己署名将其发表。此外，维利也是个远近闻名的浪荡子，他与科莱特刚结婚就迫不及待地与其他女人有了瓜葛，科莱特最终于1906年毅然离开了维利。

天却突然出现在了我位于格林威治村的新公寓前。他当时非常生气。他说我拿走了一些他的东西，他要把它们要回来：一个大木勺，或者是一只碗——一只他特别喜欢的碗。我根本没拿过他说的这些东西。事实上，莫里斯当时看起来更多的是失落，而不是愤怒，因为那时我已经扔掉了那个被鞭打的受虐女孩的角色，并成功逃脱了。

如果你发现自己正处于我当时的处境中，我希望你也能这样做：赶快逃离，继续前进，大步迈入女性主义之列。

第二十一封信

经济独立

Letter Twenty-One

没有哪位女性承担得起在经济上依赖他人的后果。

1928年，弗吉尼亚·伍尔夫说，一个女人所需要的是每年五百英镑的收入（放现在可不够了）和一个属于她自己的房间。我支持这种观点，而且要加码。一个女人还需要有自己的事业——她需要精通一项自己能够引以为豪的事情，而且要能做好，并能因这份事业获得经济回报。

比起一个情人或一个孩子，女人更需要的其实是经济独立。实际上，拥有一份独立的经济收入，将最大限度地减少女性在准备结婚或成为母亲时的弱势之处。

所以，拼命工作，在三十岁之前，拥有一份能把握住的事业吧。在这之前，你不应该结婚或生孩子。

经济依赖以及对金钱或权力的真正或假装的无知，并不是获取和重新分配它们的有效手段。金钱是最强大的力量，但对不同的人来说力量不一样。例如，在美国，同样数额的货币，对非裔美国男性或女性来说，其购买力就比较低，票面价值也会贬值。这也出现在生活在纳粹德国的犹太人，或者现今生活在世界各地的女性身上。

在纳粹德国时期，个别富有的犹太人有时候可以用金钱换下他们的性命——以及数量有限的其他犹太人的性命——只要他们能留下他们的财产和金钱，逃离那个国家。然而，世界上所有犹太人的金钱都无法在纳粹世界里为犹太人个人或犹太人群体购买到一个受人尊敬或安全无虞之地。世界上所有非裔、西班牙裔、亚裔美国人或美洲原住民的金钱加在一起，都无法在一个种族主义国家中为有色人种——无论是个人还是群体——购买到一个受人尊敬或安全无虞之地。同样，世界上所有女性的金钱也都无法在一个厌女的国家为女性——不论是女性个人还是女性群体——购买到一个受人尊敬或安全无虞之地。就在我写下这句话之际，仍然没有女性主义的大使馆或正式组织可以给女性（或男性）政治庇护。理解这一概念或将其付诸实践，是衡量女性主义者是否彻底理解地球上金钱和权力使用情况的标准之一。

在我生活的那个时代，许多登上讲台的女性主义者都感到有义务要向所有人——尤其是自己——承诺，女性主义将解决每一个可以想见的受迫害群体的问题，并能解决迫害他们的人的问题。

让我先明确一点：**女性主义是*妇女*的解放斗争**。从短期看，它应该帮助女性（以及我们的男性盟友）

在针对女性的战争中进行反击。长远来看，它也许会终结这场战争——如果这一天真的到来，那它将是个美好的日子。

如果我坚持说女性主义是一种让人"感觉良好"的愿景，会立刻帮助到所有人，那么我肯定是在谨言慎行，并且这最终会叫你失望。我不会这样做。

哪怕只为了解放一个女人——或男人——女性主义者必须掌控地球上某个地方的生产和再生产资料。我们还必须控制武装力量和宗教组织。

我是在用这种好战的言论吓唬你吗？我既希望如此，又不希望这样。让女性主义者理解权力的重要性很重要。

光靠善意是无法将即将被轮奸的女性空运解救出波斯尼亚或卢旺达的。我们需要武装和外交的力量才能做到这一点。二十多年前，我采访了包括女性主义者在内的一些女性，想了解在她们看来什么是大量的金钱或权力。大多数人在回答这个问题时，只会考虑到她们自己。没有人考虑过购买和维护一架女性主义政府用于救援任务的飞机需要多大的开销，也没有人想过建造住房或为五十万人提供医疗服务需要多少成本。我的大多数受访者都认为，好莱坞的女明星有很大的权力（她们的意思是，女明星对其他女性有很大的影响力)。

被人看见就是为爹地跳支舞——啊，女性太常把美丽的外表、社会成功、团体归属感与权力混为一谈了。虽然在今天，所有人都对能上电视和成名的好处极为疯狂，女性对此的疯狂却有所不同：就好像我们女性都相信，只要我们能被人看见，那我们的每个需求就都会得到满足。

我曾经在一次会议上看到过这样一位女性，她总是有预谋地跟踪会议聘请的摄影师，以确保她最终会出现在每一张照片中（她并没有以任何其他方式参与这次会议）。我还认识一位女性，她热衷于参加女性主义派对，总是能悄悄滑入各种合影的时机，而后，她便仔细而痴迷地把照片装裱起来，回家逢人便讲述她与这些女性主义"明星"的亲密交往。人们通常都相信她，也奉承她。

试着通过与名人合影消除天主教会对女性生育权的打击。试着阻止强奸。更妙的是，试着用一两次的臭名昭著来养活穷人。我认为，能够做到这些的权力，根本不是几个象征性的名人所能比拟的。

在我看来，女性主义的权力不光指那种个人能够获取的权力，它还指实现所有人更大利益和更多自由的权力。

继续这项事业。不要犯下我这一代某些女性经常会犯的错误,即把电视上的抛头露面或出版合同与真正的权力混淆,而后,再为了那么一点点的公众关注度而在你们内部争斗。重要的是,你们要控制越来越多的制度和机构,它们一直运作得如此糟糕,没能好好为我们服务。

英雄主义才是我们不二的女性主义选项。

第二十二封信

致一位年轻女性主义者——他恰巧是位男性，又碰巧是我儿子

Letter Twenty-Two

我亲爱的儿子：

我用如此热情的口吻给你写信，是否就放弃了我的女性解放事业呢？我自己并不这么认为，但在我生活的那个时代，确实有许多女性主义者会这样认为。请原谅她们吧，也请你理解：那时，我们还在尝试训练凡事如何**优先**女性。你可能无法想象，那时，不光是父亲，有许多母亲也都重男轻女。你也无法想象，这种轻视女性的思想产生了多么致命的后果。它彻底伤害过我们女性，这种伤害在我们一生的岁月中都久久回荡，挥之不去。我比较幸运，但很多其他女性并非如此幸运。在一些国家，女孩子可能一出生就惨遭杀害，即便她存活下来，她能得到的食物也比她的兄弟们更少，她也不会受到好的教育，并且在很小的时候，她可能就会被卖身为奴。

在我生活的那个时代，即便是那些反女性主义的女性，也很少有人是真的喜欢男人。她们害怕、鄙视、尊重和服膺于她们的男性伴侣和权威专家，但她们还是将男性视作他者。作为单一的个体，有些女性会利用这种两性间的差异，要么通过两性关系中的骗人伎俩，要么通过训练有素的佯装服从和恭敬尽职。

避开这样的女性。这类女性古已有之，但她们并不值得称颂。如今，在我们之中，也仍然有很多这样的女性存在。

在我生活的那个时代，很多女性主义女性也不喜欢男人——包括那些自称女性主义者的男性。一些女性主义女性拥抱性别分离主义，她们试图在其中寻求一种新的身份——也许这是为了免受男性暴力的伤害。有些分离主义者抱有一种天真无邪的幻想，她们认为，在全女性的环境中，女性会更容易出彩（事实证明并非如此）。还有一些人认为，女性之间已经有足够多的爱了——这些爱足以让这个世界永远运转下去（这也并非实情）。

我这一代的一些女性主义男性，与其说是奇妙，还不如说是奇怪。他们有些人会夸大女性的力量，并认为这样夸大其词能够保护女性。有些女性主义男性，除了蔑视女性之外一无所长，还意欲支配和摧毁女性。正如我之前所说的：即便对女性主义者而言，践行我们所宣扬的一切也很难。

如果某些女性主义女性仅仅因为你是一位男性就拒绝了你——或者更糟糕，她们出于同样的原因盲目地追随你，请你不要讶异。

你十分珍视诗歌和友谊，而且，你结交的朋友既有男性，也有女性，这让我印象深刻。当我在你这个年纪的时候，这都是不可能发生的事情。

你成了一名热情洋溢的女性主义者，对此，我感到欣喜无比。但是，你作为一名战士／疗愈者的训练才刚刚开始。

例如，正如我告诫过你的那样：不要羞辱他人，尤其不要羞辱女性，也许，她们的女性主义比你的更加新颖、更具试验性。对她们说话时，请务必温声细语。你要记得，很多女性都习惯了让男性说话、掌握话语权，她们习惯了跟从男性的指挥，而不习惯以平等的身份与男性相处合作，她们还只是将自己视作男性的从属下级，她们几乎从来不会视自己为男性的上司。

请开始招募男性加入这项事业。永远不要停止。

但你也有其他任务。例如，当你的男性友人称女性为荡妇或婊子（或这样对待她们）时，当你的女性友人八卦是非，或是以不可原谅的方式诋毁某位女性时，你必须学会发声。这很难，而且可能会让你心碎受伤：不止一次，而是很多次。哪怕是关上门，在亲密的人中间，你私下为某位女性讲话，也可能会给自己造成很大危害。其他可能会使你陷入危险境地的行为还有：为她挺身而出、站在她那一边、敢于支持她、追捕虐待她的人——哪怕那个人是她的父亲或者你的上司。

你的女性主义意识（你一直为之感到自豪）也会让你感到痛苦。怎么可能不痛苦呢？例如，它可能会让你意识到，在你最为珍视的朋友中，有些人有着不可原谅的、令人毛骨悚然的缺点。你也许会继续爱他们，但你也有可能自动疏远他们。同样，他们也会渐渐疏远你。

你也可能必须独自奋战，没有社会以往赋予给男性的父权制特权男性父权制的特权。不过，这一点倒不会叫我太担心。若你是一个十足的恶霸，或是一个肤浅透顶的家伙，那我可能才真的要绞尽脑汁地费神一番呢。

你一直都很坚强，但你也有一颗温柔的心灵。因此，你有时可能会被当作"基佬"——即便你不是，也许，尤其因为你不是，你才会被这样对待。

啊，亲爱的，无论你选择和谁上床或者爱谁，你都必须忠于自己。我想起了你那些仿佛会魔法的、无比闪耀的先人：光明使者、炼金术士、巫师、萨满法师、神秘主义者、通灵师——所有没有大男子主义的聪慧男士和疗愈者。

身为亚马逊族的骑士，你们这代人不一定要从心理上抛弃你们的母亲。你们可以带着我们一道上战场；我们早已是你们自我体验的一部分了。如果你决定踏上英雄之路，你可能会走上一条全新的道路。你必须书写自己的故事脚本；可以不止一个版本。也许其中一个版本讲到的是回家而不是离家。

我祝愿你行走在那条路上时，身边能有勇敢的同行者。愿你在地球上度过愉快的时光，不会被烈火吞噬，也不会被瘟疫侵扰，拥有一段如青葱夏日的美妙时光。

我想，事情也许会比我这里说的困难得多——但也可能更容易。

温柔地善待你的每一天。珍视你的理想主义，抵制犬儒式的愤世嫉俗。向这个世界敞开你的心扉，尝试着把这个世界变得更加美好。不要放弃。

也别忘记给我寄一沓来自未来的明信片。

参考书目

早于我的《女性与疯狂》一个多世纪,就已经有了很多丰富且不同凡响的女性主义文献资料,然而,我这一代人却对此一无所知。与此类似,到了20世纪80年代,我们这一代的第二波女性主义者的很多优秀文献也惨遭"佚失"。因而,我在这里罗列了其中的一部分文献。当你阅读这些文献时,请一定记得,在很多你可能很熟悉的经典女性主义作品出现之前,往往已经有过一些令人叹为观止和激动人心的演讲、小册子、期刊稿、文章和书籍,它们可能已经被人们遗忘了。

我将本书的参考书目粗略地分为20世纪之前的文本、1962年之前的文本，然后接下来，从1963年开始，每七年为一个阶段罗列。因为在1963年这一年，格洛丽亚·斯泰纳姆和贝蒂·弗里丹都发表了具有持久影响力的作品。我还收录了一些（并非全部）早期的女性主义文献资料，包括1968年出版的《女性主义元年笔记》和《不是玩笑也并非儿戏：女性解放日志》。到了20世纪70年代初期，在美国的各大城市，女性主义者们纷纷开始出版报纸和期刊杂志，如 *Aphra*、*Amazon Quarterly*、*Big Mama Rag*、*Bread and Roses*、*Lesbian Ethics*、*Sojourner*、*13th Moon*、*Quest* 以及 *Women: A Journal of Liberation*。

自20世纪60年代后期以来，一批女性主义作家各写了五到十五本不等的书籍，但这些书籍很少有能一直加印的。通常，如果这些作家能被人记住，他们只会因为一本书被记住：要么是他们的第一部作品，要么是他们最新出版的书。即使在我列的这份参考书目中，我也不能冒昧地说我已经罗列了每位作家的全部作品。我甚至未能罗列出每一位重要的、值得一读的作家。这个任务仍亟待完成。但是，在这里，我还是想特别指出，以下女性主义作家都在第二波女性主义浪潮中出版过非常重要的书籍，或者写过比我在这里列举的多得多的专著和文章：

阿尔塔、路易丝·阿姆斯特朗、玛格丽特·阿特伍德、凯西·巴里、保利娜·巴特、路易丝·贝尼克、夏洛特·邦奇、葆拉·卡普兰、苏济·麦基·查内斯、金·彻宁、南希·乔多罗、布兰奇·魏森·库克、克莱尔·科斯、南希·科特、玛丽·戴利、安德烈娅·德沃金、芭芭拉·埃伦赖希、艾伦·法兰克福、玛丽莲·弗伦奇、萨莉·吉尔哈特、葆拉·吉丁斯、桑德拉·吉尔伯特、卡罗尔·吉利根、琳达·戈登、维维安·戈尼克、露易丝·古尔德、苏珊·格里芬、苏珊·古芭、伯莎·哈里斯、莫莉·哈斯克尔、雪儿·海蒂、萨拉·露西亚·霍格兰、贝尔·胡克斯、吉尔·约翰斯顿、奥黛丽·洛德、凯瑟琳·麦金农、琼·梅隆、凯特·米利特、罗宾·摩根、琼·内斯特莱、朱莉娅·佩内洛普、玛吉·皮尔西、莱蒂·科坦·波格宾、明妮·布鲁斯·普拉特、阿琳·雷文、贾尼丝·雷蒙德、阿德里安娜·里奇、芭芭拉·卡茨·罗斯曼、乔安娜·拉斯、戴安娜·E. H. 罗素、芭芭拉·西曼、埃莱娜·肖沃尔特、阿利克斯·凯茨·舒尔曼、芭芭拉·史密斯、戴尔·斯彭德、凯特·斯廷普森、艾丽斯·沃克、芭芭拉·沃克、莉诺·沃克、莫妮克·维蒂格。

本参考书目中罗列的作品，都按照作者的英文姓氏字母排序。也请注意，某些刚出版时还鲜为人知的书籍，通常都比它们后来更引人瞩目的版本发行早一到五年不等。

20 世纪之前出版的书目

Behn, Alphra. *Love Letters between a Nobleman and His Sister*. Edited by Janet Toad. London, New York: Penguin Books, 1996. 初版出版于 1684—1687 年。

———. *Oroonoko: An Authoritative Text, Historical Backgrounds, Criticism*. Edited by Joanna Lipkiny. New York: W.W. Norton, 1973. 初版出版于 1688 年，书名为 *Oroonoko, or the Royal Slave*。

———. *The Works*. Edited by Montague Summers. New York: Phaeton Press, 1967.

Catherine II, Empress of Russia. *The Memoirs of Catherine the Great*. Edited by Dominique Maroger. Translated by Moura Budberg. New York: Collier Books, 1961. 初版出版于 1781 年。

de Pisan, Christine. *The Book of the City of Ladies*. Translated by Earl Jeffrey Richards. New York: Persea Books, 1982. 初版大约出版于 1400 年。

Douglass, Frederick. "The Rights of Women." 28 July 1848, *North Star*.

DuBois, Ellen Carol, ed. *Elizabeth Cady Stanton, Susan B. Anthony: Correspondence, Writings, Speeches 1815-1906*. New York: Schocken Books, 1981.

Gage, Matilda Joslyn. *Woman, Church and State*. New York: The Arno Press, 1972. 初版出版于 1893 年。

Gilman, Charlotte Perkins. *Women and Economics*. New York: Charlton, 1898.

Herzl, Theodor. *The Jewish State: An Attempt at a Modem Solution of the Jewish Question*. New York: Dover, 1988. 初版出版于 1896 年。

Machiavelli, Niccolò. *The Prince*. Translated by George Bull. London: Penguin Books, 1961. 初版出版于 1525 年。

Mill, John Stuart. *The Subjection of Women*. Mineola, New York: Dover, 1997. 初版出版于 1869 年。

Murasaki, Shikibu. *The Tale of Genji*. Translated by Arthur Waley. New York: The Modern Library, 1960. 初版大约出版于 998 年。

Paine, Thomas. "An Occasional Letter on the Female Sex." *The Complete Writings of Thomas Paine*. 2 vols. Edited by Philip S. Foner. New York: Citadel, 1945. 初版出版于 1775 年 8 月。

Shonagon, Sei. *The Pillow Book of Sei Shonagon*. Translated and edited by Ivan Morris. New York: Penguin Books, 1967. 初版大约出版于 992 年。

Stanton, Elizabeth Cady. *Eighty Years & More: Reminiscences* 1815-1897. New York: Schocken Books, 1971. 初版出版于 1898 年。

Stanton, Elizabeth Cady, and the Revising Committee. *The Women's Bible*. Seattle, Washington: Coalition Task Force on Women and Religion, 1974. 初版出版于 1895 年。

Truth, Sojourner. "Arn't I a Woman?" Reissued as *Narrative of Sojourner Truth. A Bondswoman of Olden Time, Emancipated by the New York Legislature in the Early Part of the Present Century, with a History of Her Labors and Correspondence Drawn from Her "Book of Life."* Edited by Margaret Washington. New York: Vintage Books, 1993. 初版出版于 1850 年。

Tzu, Sun. *The Art of War*. Translated by Samuel B. Griffith. London: Oxford University Press, 1963. 初版大约出版于公元前 4 世纪。

Wollstonecraft, Mary. *The Vindication of the Rights of Woman*. Harmondsworth, Middlesex, England: Penguin Books, 1982. 初版出版于 1792 年。

1900—1962 年出版的书目

Beard, Mary R. *Woman as a Force in History*. New York: Collier Books, 1962.

Briffault, Robert. *The Mothers: The Matriarchal Theory of Social Origins*. Edited by Gordon Rattray Taylor. 3 vols. New York: H. Fertig, 1993. 初版出版于 1931 年。

de Beauvoir, Simone. *The Second Sex*. New York: Vintage Books, 1989. 初版出版于 1949 年。

Diner, Helen. *Mothers and Amazons*. Edited and translated by John Philip Lundin. New York: Julian Press, 1965. 初版出版于 20 世纪 30 年代,并使用 Sir Galahad 这一笔名出版。

Gilman, Charlotte Perkins. *The Living of Charlotte Perkins Gilman. An Autobiography*. New York: Arno Press, 1972. 初版出版于 1935 年。

Goldman, Emma. *Living My Life*. 2 vols. New York: Dover Publications, 1970. 初版出版于 1931 年。

Herschberger, Ruth. *Adam's Rib*. New York: Pellegrini & Cudahy, 1948.

Homey, Karen. *Feminine Psychology*. New York: W.W. Norton & Co., 1967. 初版出版于 1922—1937 年。

Levi, Primo. *Survival in Auschwitz: The Nazi Assault on Humanity*. New York: Collier Books, 1961. 初版出版于 1958 年。

Memmi, Albert. *Portrait of a Jew*. Translated by Elisabeth Abbott. New York: Viking, 1971. 初版出版于 1962 年。

Pankhurst, Emmeline. *My Own Story*. London: Eveleigh Nash, 1914.

Rilke, Rainer Maria. *Letters to a Young Poet*. Translated by Herter Norton. New York: W.W. Norton & Co., 1934. 初版出版于 1903 年—1908 年。

Smedley, Agnes. *Daughter of Earth*. New York: The Feminist Press at the City University of New York, 1987. 初版出版于 1929 年。

Woolf, Virginia. *A Room of One's Own*. New York: Harcourt, Brace & World, 1957. 初版出版于 1929 年。

———. *Three Guineas*. New York: Harcourt Brace & World, 1966. 初版出版于 1938 年。

1963—1970 年出版的书目

Abbott, Sidney and Barbara Love. *Sappho Was a Right-On Woman: A Liberated View of Lesbianism*. Stein and Day, 1970.

Amatniek, Kathy, "Funeral Oration for the Burial of Traditional Womanhood." *Notes from the First Year*. New York: New York Radical Women, June 1968. 另外可参见：Shulamith Firestone, "The Women's Rights Movement in the U. S."; Anne Koedt, "The Myth of the Vaginal Orgasm."

Bart, Pauline B. "Portnoy's Mother's Complaint." *Trans-action*. November-December 1970.

Chesler, Phyllis. "Women and Psychotherapy." *The Radical Therapist*. September 1970.

Daly, Mary. *The Church and the Second Sex*. Boston: Beacon Press, 1968. Reissued with a "Feminist Post-Christian Introduction" in 1975 and with "New Archaic Afterword" in 1985.

Densmore, Dana. *Chivalry—the Iron Hand in the Velvet Glove*. Pittsburgh: Know, Inc. Pamphlet, 1969.

———. "On Celibacy." *No More Fun and Games: A Journal of Female Liberation*. Somerville, Massachusetts: October 1968. 另外可参见: Roxanne Dunbar, "Slavery" and "Dirge for White America."

Ellman, Mary. *Thinking about Women*. New York: Harcourt, Brace and World, 1968.

Fanon, Frantz. *Black Skin, White Masks*. New York: Grove Press, 1967.

———. *A Dying Colonialism*. Translated by Haakon Chevalier. New York: Grove Press, 1965.

Firestone, Shulamith. *The Dialectics of Sex*. New York: William Morrow, 1970.

Firestone, Shulamith, ed. and Anne Koedt, assoc. ed. *Notes from the Second Year: Major Writers of the Radical Feminists*. New York: Notes from the Second Year, Inc., 1970. 另外可参见：Ti-Grace Atkinson, "Radical Feminism" and "The Institution of Sexual Intercourse"; Lucinda Cisler, "On Abortion and Abortion Law": Roxanne Dunbar, "Female Liberation as the Basis for Social Revolution"; Carol Hanisch, "The Personal is Political"; Joreen, "Bitch Manifesto"; Pat Mainairdi, "The Politics of Housework"; Anselma dell' Olio, "The Founding of the New Feminist Theatre"; Kathie Sarachild, "A Program for Feminist Consciousness Raising"; Meredith Tax, "Woman and Her Mind: The Story of Everyday Life"; Ellen Willis, "Women and the Left."

Flexner, Eleanor. *Century of Struggle: The Women's Rights Movement in the United States*. New York: Atheneum, 1968. 初版出版于 1959 年。

Friedan, Betty. *The Feminine Mystique*. New York: Dell, 1963.

Grahn, Judy. *The Common Woman*. California: The Women's Press Collective, 1970.

Greer, Germaine. *The Female Eunuch*. New York: McGraw-Hill, 1971. 初版出版于 1970 年的英国。

Lerner, Gerda. *The Grimké Sisters from South Carolina: Pioneers for Women's Rights and Abolition*. New York: Shocken Books, 1971. 初版出版于 1967 年。

McAfee, Kathy and Myrna Wood, eds. "Bread and Roses." *Leviathan*. Vol.1, June 1969.

Millett, Kate. *Sexual Politics*. New York: Doubleday, 1970.

Morgan, Robin, ed. *Sisterhood Is Powerful: An Anthology of Writings from the Women's Liberation Movement*. New York: Random House, 1970.

O'Neill, William L. *Everyone Was Brave: The Rise and Fall of Feminism in America*. Chicago: Quadrangle Books, 1969.

Seaman, Barbara. *The Doctors' Case Against the Pill*. New York: Peter Wyden,

1969.

———. *Free and Female*. New York: Coward, McCann & Geoghegan, 1972.

Solanas, Valerie. *Scum Manifesto*. New York: Olympia Press, 1968.

Steinem, Gloria. "After Black Power, Women's Liberation?" *New York* magazine, 1969.

———. "A Bunny's Tale." *Show Magazine*. 1963.

Wages For Housework: Women Speak Out. Toronto: May Day Rally. Pamphlet, 1969.

Weisstein, Naomi. "Kinder, Kuche and Kirche: Psychology Constructs the Female." *Scientific Psychology and Social Relevance*. New York: Harper & Row, 1971. 初版由 New England Free Press 出版于1968年。

Wittig, Monique. *Les Guerilleres*. New York: Viking Press, 1971. 初版出版于1969年的法国。

1971—1977年出版的书目

Atkinson, Ti-Grace. *Amazon Odyssey*. New York: Links Books, 1974.

Barreno, Maria Isabel, Horta, Maria Teresa, and Maria Velho de Costa. *The Three Marias: New Portuguese Letters*. Garden City, New York: Doubleday & Company, 1975.

Bengis, Ingrid. *Combat in the Erogeneous Zone*. New York: Alfred A. Knopf, 1972.

Bluh, Bonnie Charles. *Woman to Woman: European Feminists*. New York: Starognbski Press, 1974.

The Boston Women's Health Collective. *Our Bodies, Ourselves*. New York: Simon & Schuster, 1976.

Brown, Rita Mae. *Rubyfruit Jungle*. Plainfield, Utah: Bantam, 1973.

Brownmiller, Susan. *Against Our Will*. New York: Simon & Schuster, 1975.

By and For Women. *The Women's Gun Pamphlet*. Pamphlet, 1975.

Chesler, Phyllis. "Sex Role Stereotyping and Adjustment." *Psychology of Adjustment*. James F. Adams, ed. Holbrook Press, 1973.

———. *Women and Madness*. New York: Doubleday and Co., 1972.

———. "Women and Mental Illness." *Women: Resources for a Changing World*. The Radcliffe Institute, Radcliffe College, October 1972.

Chesler, Phyllis and Emily Jane Goodman. *Women, Money and Power*. New York: William Morrow & Co., 1976.

Connell, Noreen and Cassandra Wilson, eds. *Rape: The First Sourcebook For*

Women. New York: Plume Books, New American Library, 1974.

Davis, Elizabeth Gould. *The First Sex*. New York: G. P. Putnam & Sons, 1971.

DeCrow, Karen. *Sexist Justice*. New York: Random House, 1974.

Deming, Barbara and Arthur Kinoy. *Women & Revolution: A Dialogue*. Pamphlet, 1975.

Dreifus, Claudia. *Women's Fate: Raps from a Feminist Consciousness-Raising Group*. New York: Bantam, 1973.

Dworkin, Andrea. *Woman Hating*. New York: E. P. Dutton, 1974.

Ehrenreich, Barbara and Deirdre English. *Witches, Midwives and Nurses: A History of Women Healers*. Pamphlet, 1972.

Fasteau, Marc Feigen. *The Male Machine*. New York: MacGraw-Hill, 1974.

Fernea, Elizabeth Warnock and Basima Qattan Bezirgan. *Middle Eastern Muslim Women Speak*. Austin: University of Texas Press, 1977.

Frankfurt, Ellen. *Vaginal Politics*. New York: Quadrangle Books, 1972.

Freeman, Jo, ed. *Women: A Feminist Perspective*. Palo Alto, Colorado: Mayfield Publishing Company, 1979. 初版出版于 1975 年。

Freire, Paulo. *Pedagogy of the Oppressed*. New York: Herder and Herder, 1971.

French, Marilyn. *The Women's Room*. New York: Summit, 1977.

Gluck, Sherna, ed. *From Parlor To Prison: Five American Suffragists Talk about Their Lives*. New York: Vintage Books, 1976.

Gornick, Vivian and B. K. Moran. *Women in a Sexist Society: Studies in Power and Powerlessness*. New York: Basic Books, 1971. 另外可参见 : Phyllis Chesler, "Patient and Patriarch: Women in the Psychotherapeutic Relationship"; Alta, "Pretty"; Una Stannard, "The Mask of Beauty"; Ruby R. Leavitt, "Women in Other Cultures"; Cynthia Ozick, "Women and Creativity: The Demise of the Dancing Dog"; Linda Nochlin, "Why Are There No Great Women Artists?"; Margaret Adams, "The Compassion Trap."

Goulianos, Joan, ed. *By a Woman Writt: Literature from Six Centuries by and about Women*. Baltimore: Penguin Books, 1974.

Grahn, Judy. *Edward the Dyke and Other Poems*. California: The Women's Press Collective, 1971.

Grimstad, Kirsten, and Susan Rennie, eds. *The New Woman's Survival Sourcebook*. New York: Alfred A. Knopf, 1975.

Henley, Nancy M. *Body Politics: Power, Sex, and Non-Verbal Communications*. Englewood Cliffs, New Jersey: Prentice-Hall, 1977.

Hite, Shere. *The Hite Report on Female Sexuality*. New York: Macmillan Publishing Co., 1976.

Johnston, Jill. *Lesbian Nation: The Feminist Solution*. New York: Simon & Schuster, 1973.

Jong, Erica. *Fear of Flying*. New York: Holt, Rinehart, and Winston, 1973.

Katz, Naomi and Nancy Milton, eds. *Fragment from a Lost Diary and Other Stories: Women of Asia, Africa, and Latin America*. New York: Pantheon Books, 1973.

Kingston, Maxine Hong. *The Woman Warrior: Memoirs of a Girlhood among Ghosts*. New York: Vintage Books, 1975.

Koedt, Anne, ed. and Shulamith Firestone, assoc. ed. *Notes from the Third Year: Women's Liberation*. New York: Notes from the Second Year, Inc., 1971. 另外可参见：Susan Brownmiller, "Speaking Out on Prostitution"；Barbara Burris, "The Fourth World Manifesto"；Dana Densmore, "Independence from Sexual Revolution"；Claudia Dreifus, "The Selling of a Feminist"；Jo Freeman, "The Building of the Guilded Cage"；Judith Hole and Ellen Levine, "The First Feminists"；Pamela Kearon and Barbara Mehrhof, "Rape: An Act of Terror"；Judy Syfers, "Why I Want a Wife."

Lamb, Myrna. *The Mod Donna and Scyklon Z*. New York: Pathfinder Press, 1971.

Lerman, Rhoda. *Call Me Ishtar*. New York: Doubleday, 1973.

Lerner, Gerda, ed. *Black Women in White America: A Documentary History*. New York: Vintage, 1992. 初版出版于 1972 年。

Mackenzie, Midge. *Shoulder to Shoulder*. New York: Alfred A. Knopf, 1975.

Marine, Gene. *A Male Guide to Women's Liberation*. New York: Avon Books, 1972.

Marston, William Moulton. *Wonder Woman*. Introduction by Gloria Steinem. Essay by Phyllis Chesler. New York: Holt, Rinehart and Winston, 1972.

Martin, Del. *Battered Wives*. San Francisco: Glide Publications, 1976.

———. *Battered Wives*. New York: Pocket Books, 1977.

Medea, Andra and Kathleen Thompson. *Against Rape: A Survival Manual for Women: How to Avoid Entrapment and How to Cope with Rape Physically and Emotionally*. New York: Farrar, Straus, and Giroux, 1974.

Mernissi, Fatima. *Beyond the Veil: Male-Female Dynamics in a Modern Muslim Society*. New York: John Wiley and Sons, 1975.

Millett, Kate. *Flying*. New York: Alfred A. Knopf, 1974.

Minai, Naila. *Women and Islam: Tradition and Transition in the Middle East*. New York: Seaview Books, 1981.

Mitchell, Juliet. *Woman's Estate*. New York: Random House, 1971.

Moers, Ellen. *Literary Women*. New York: Doubleday, 1976.

Morgan, Elaine. *The Descent of Woman*. New York: Stein and Day, 1972.

Morrison, Toni. *Sula*. New York: Knopf, 1973.

Oakley, Ann. *The Sociology of Housework*. New York: Pantheon, 1974.

———. *Women's Work: The Housewife, Past and Present*. New York: Pantheon, 1974.

Piercy, Marge. *Small Changes*. New York: Doubleday, 1973.

———. *Woman on the Edge of Time*. New York: Alfred A. Knopf, 1976.

Reed, Evelyn. *Woman's Evolution: From Matriarchal Clan to Patriarchal Family*. New York: Pathfinder's Press, 1975.

Rich, Adrienne. *Of Woman Born: Motherhood as Experience and Institution*. New York: W.W. Norton and Co., 1976.

Ross, Frances D. *Oreo*. New York: Greyfalcon House, 1974.

Rowbotham, Sheila. *Women, Resistance, and Revolution: A History of Women and Revolution in the Modern World*. New York: Vintage, 1974.

Rubin, Lillian Breslow. *Worlds of Pain: Life in the Working-Class Family*. New York: Basic Books, 1976.

Ruether, Rosemary Radford, ed. *Religion and Sexism: Images of Women in the Jewish and Christian Traditions*. New York: Simon & Schuster, 1974.

Russ, Joanna. *The Female Man*. New York: Bantam Press, 1975.

Russell, Diana E. H. and Nicole Van de Ven, eds. *The Proceeding of the International Tribunal on Crimes Against Women*. California: Les Femmes, 1976.

Shelly, Martha. *Crossing the DMZ*. California: The Women's Press Collective, 1974.

Shulman, Alix Kates. *Memoirs of an Ex-Prom Queen*. New York: Random House, 1972.

Snodgrass, Jon, ed. *A Book of Readings for Men Against Sexism*. New York: Times Change Press, 1977.

Stannard, Una. *Mrs. Man*. San Francisco: Germain Books, 1977.

Stone, Merlin. *When God Was a Woman*. Great Britain: Virgo Limited, 1976.

Walker, Alice. *Meridian*. New York: Harcourt, Brace and Jovanovich, 1976.

1978—1984 年出版书目

Adler, Margot. *Drawing Down the Moon. Witches, Druids, Goddess-Worshippers, and Other Pagans in America Today*. New York: Viking

Press, 1979.

Alpert, Jane. *Growing Up Underground*. New York: William Morrow, 1981.

Anzaldua, Gloria and Cherrie Moraga, eds. *This Bridge Called My Back Writings by Radical Women of Color*. New York: Kitchen Table, Women of Color Press, 1981.

Armstrong, Louise. *Kiss Daddy Goodnight: A Speak-Out on Incest*. New York: Hawthorn, 1978.

Barry, Kathleen. *Female Sexual Slavery*. Englewood Cliffs, New Jersey: Prentice-Hall, 1979.

Barry, Kathleen, Bunch, Charlotte, and Shirley Castley, eds. *International Feminism: Networking Against Female Sexual Slavery*. New York: The International Women's Tribune Centre, Inc., 1984.

Bernikow, Louise. *Among Women*. New York: Harmony Books, 1980.

Bridenthal, Renate, Grossmann, Atina, and Marion Kaplan, eds. *When Biology Became Destiny: Women in Weimar and Nazi Germany*. New York: Monthly Review Press, 1984.

Broner, E. M. *A Weave of Women*. New York: Holt, Rinehart and Winston, 1978.

Brownstein, Rachel, M. *Becoming a Heroine: Reading About Women in Novels*. New York: Penguin, 1984.

Budapest, Z. *The Holy Book of Women's Mysteries. I & II*. Oakland, California: Self Published, 1976-1978.

Bulkin, Elly, Minnie Bruce Pratt, and Barbara Smith. *Yours in Struggle: Three Feminist Perspectives on Anti-Semitism*. Brooklyn, New York: Long Haul Press, 1984.

Chesler, Phyllis. *With Child: A Diary of Motherhood*. New York: Lippincott & Crowell, 1979.

Chicago, Judy. *The Dinner Party: A Symbol of Our Heritage*. Garden City, New York: Anchor Books, 1979.

Chodorow, Nancy. *The Reproduction of Mothering: Psychoanalysis and the Sociology of Gender*. Berkeley: University of California Press, 1978.

Clement, Catherine. *Opera: Or the Undoing of Women*. Minneapolis: The University of Minnesota Press, 1988. 初版出版于1979年, 书名为: L'opera ou la defaite des femmes. France。

Daly, Mary. *GYN/Ecology: The Metaethics of Radical Feminism*. Boston: Beacon Press, 1978.

———. *Pure Lust: Elemental Feminist Philosophy*. Boston: Beacon Press, 1984.

Degler, Carl N. *At Odds: Women and the Family in America From the Revolution to the Present*. Oxford: Oxford University Press, 1980.

Eisenstein, Hester. *Contemporary Feminist Thought*. Boston: G. K. Hall, 1983.

Eisenstein, Zillah R., ed. *Capitalist Patriarchy and the Case for Socialist Feminism*. New York: Monthly Review Press, 1979.

Faderman, Lillian. *Surpassing the Love of Men: Romantic Friendships and Love between Women from the Renaissance to the Present*. New York: William Morrow, 1981.

Farley, Lin. *Sexual Shakedown: The Sexual Harassment of Women on the Job*. New York: McGraw-Hill, 1978.

Fisher, Elizabeth. *Women's Creation: Sexual Evolution and the Shaping of Society*. Garden City, New York: Anchor/Doubleday, 1979.

Fritz, Leah. *Dreamers & Dealers: An Intimate Appraisal of the Women's Movement*. Boston: Beacon Press, 1979.

Giddings, Paula. *When I Where I Enter: The Impact of Black Women on Race and Sex in America*. New York: William Morrow, 1984.

Grahn, Judy. *Another Mother Tongue: Gay Words, Gay Worlds*. Boston: Beacon Press, 1984.

Gilligan, Carol. *In a Different Voice: Psychological Theory and Women's Development*. Cambridge: Harvard University Press, 1982.

Gornick, Vivian. *Essays in Feminism*. New York: Harper & Row, 1978.

Greer, Germaine. *The Obstacle Race: The Fortunes of Women Painters and Their Work*. New York: Farrar, Straus & Giroux, 1979.

Griffen, Susan. *Woman and Nature: The Roaring Inside Her*. New York: Harper & Row, 1978.

Herman, Judith Lewis. *Father-Daughter Incest*. Cambridge: Harvard University Press, 1981.

Hite, Shere. *The Hite Report on Male Sexuality*. New York: Ballantine Books, 1981.

hooks, bell. *Ain't I a Woman: Black Women and Feminism*. Boston: South End Press, 1981.

———. *Feminist Theory from Margin to Center*. Boston: South End Press, 1984.

Hull, Gloria T., Scott, Patricia Bell, and Barbara Smith. *All the Women Are White, All the Blacks Are Men, But Some of Us Are Brave: Black Women's Studies*. Old Westbury, New York: The Feminist Press, 1982.

Johnson, Sonia. *From Housewife to Heretic: One Woman's Struggle for Equal Rights and Her Excommunication from the Mormon Church*. Garden

City, New York: Doubleday & Co., 1981.

Jones, Ann. *Women Who Kill*. New York: Holt, Rinehart, and Winston, 1980.

Joseph, Gloria. "Black Mothers and Daughters: Traditional and New Populations." *Sage*. Vol. 1, 1984.

Laska, Vera. *Women in the Resistance and in the Holocaust: The Voices of Eyewitnesses*. Westport: Greenwood Press, 1983.

Lorde, Audre. *Sister Outsider: Essays and Speeches*. Trumansburg, New York: The Crossing Press, 1984.

Luker, Kristin. *Abortion and the Politics of Motherhood*. Berkeley: University of California Press, 1984.

MacKinnon, Catharine A. *Sexual Harassment of Working Women*. New Haven: Yale University Press, 1979.

McAllister, Pam, ed. *Reweaving the Web of Life: Feminism and Nonviolence*. Philadelphia: New Society Publishers, 1982.

Moraga, Cherrie and Gloria Anzaldua, eds. *This Bridge Called My Back: Writings by Radical Women of Color*. Watertown, Massachusetts: Persephone Press, 1981.

Olsen, Tillie. *Silences*. New York: Delacorte Press/Seymour Lawrence, 1978.

Pagels, Elaine. *The Gnostic Gospels*. New York: Random House, 1979.

Pleck, Joseph H. and Robert Brannon, eds. "Male Roles and the Male Experience." *Journal of Social Issues*. Vol. 34, 1978.

Pogrebin, Letty Cottin. *Growing Up Free: Raising Your Child in the 80's*. New York: McGraw-Hill, 1980.

Radl, Shirley Rogers. *The Invisible Woman: Target of the Religious New Right*. New York: Dell, 1983.

Rohrlich, Ruby and Elaine Hoffman Baruch, eds. *Women in Search of Utopia: Mavericks and Mythmakers*. New York: Schocken Books, 1984.

Rose, Phyllis. *Parallel Lives: Five Victorian Marriages*. New York: Alfred A. Knopf, 1983.

Ruddick, Sara. "Maternal Thinking." *Mothering: Essays in Feminist Theory*. Joyce Trebilcot, ed. Totowa, New Jersey: Rowman and Allanheld, 1983.

Ruether, Rosemary, and Eleanor Mclaughlin, eds. *Women of Spirit*. New York: Simon & Schuster, 1979.

Rush, Florence. *The Best Kept Secret: Sexual Abuse of Children*. New Jersey: Prentice-Hall, 1980.

Russ, Joanna. *How to Suppress Women's Writing*. Great Britain: The Women's Press, 1983.

Russell, Diana E. H. *Rape in Marriage*. New York: Macmillan Publishing Co.,

1982.

Sargent, Lydia, ed. *Women and Revolution: A Discussion of the Unhappy Marriage of Maxism and Feminism*. Boston: South End Press, 1981.

Schneider, Susan Weidman. *Jewish and Female: Choices and Changes in Our Lives Today*. New York: Simon & Schuster, 1984.

Smith, Barbara, ed. *Home Girls: A Black Feminist Anthology*. New York: Kitchen Table, Women of Color Press, Inc., 1983.

Snitow, Ann, Christine Stansell, and Sharon Thompson, eds. *Powers of Desire: The Politics of Sexuality*. New York: Monthly Review Press, 1983.

Spender, Dale. *There's Always Been a Women's Movement This Century*. London: Pandora, 1983.

———. *Women of Ideas and What Men Have Done to Them from Aphra Behn to Adrienne Rich*. London: Routledge, Kegan and Paul Ltd., 1982.

Starhawk. *The Spiral Dance*. New York: Harper & Row, 1979.

Steinem, Gloria. *Outrageous Acts and Everyday Rebellions*. New York: Holt, Rinehart and Winston, 1983.

Torton Beck, Evelyn, ed. *Nice Jewish Girls: A Lesbian Anthology*. Boston: Beacon Press, 1982.

Walker, Alice. *In Search of Our Mothers' Gardens*. New York: Harcourt Brace Jovanovich, 1983.

———. *The Color Purple*. New York: Harcourt, Brace Jovanovich, 1982.

Walker, Lenore E. *The Battered Woman*. New York: Harper & Row, 1979.

Wallace, Michelle. *Black Macho and the Myth of the Black Super Woman*. New York: The Dial Press, 1978.

1985—1991 年出版的书目

Anderson, Bonnie S. and Judith P. Zinsser. *A History of Their Own: Women in Europe from Prehistory to the Present*. 2 vols. New York: Harper and Row, 1988.

Atwood, Margaret. *Cat's Eye*. New York: Doubleday, 1989.

Badran, Margot and Miriam Cooke. *Opening the Gates: A Century of Arab Feminist Writing*. Bloomington, Indiana: Indiana University Press, 1990.

Barry, Kathleen. *Susan B. Anthony: A Biography*. New York and London: New York University Press, 1988.

Bass, Ellen and Laura Davis. *The Courage to Heal: A Guide for Women Survivors of Child Sexual Abuse*. New York: Harper & Row, 1988.

Belenky, Mary Field, Clinchy, Blythe McVicker, Goldenberger, Nancy Rule, and Jill Mattuck Tarule, eds. *Women's Ways of Knowing: The Development of Self, Voice, and Mind*. New York: Basic Books, 1986.

Brant, Beth. *Mohawk Trail*. Ithaca, New York: Firebrand Books, 1985.

Bright, Susie. *Susie Sexperts Lesbian Sex World*. Pittsburg: Cleis Press, 1990.

Budapest, Zsuzsanna E., *The Grandmother of Time*. New York: Harper & Row, 1989.

Caplan, Paula J. *The Myth of Women's Masochism*. New York: E. P. Dutton, 1985.

———. *Don't Blame Mother: Mending the Mother-Daughter Relationship*. New York: Harper & Row, 1989.

Caputi, Jane. *The Age of Sex Crime*. Bowling Green: Bowling Green State University Press, 1987.

Chernin, Kim. *The Hungry Self: Women, Eating, and Identity*. New York: Random House, 1985.

Chesler, Phyllis. "Anorexia Becomes Electra: Women, Eating and Identity." *New York Times Book Review*. 21 July 1985.

———. "Mother-Hatred and Mother-Blaming: What Electra Did to Clytemnestra. Motherhood: A Feminist Perspective." *Journal of Women and Therapy*. Vol. 10, 1990.

———. *Mothers on Trial: The Battle for Children and Custody*. New York: McGraw-Hill, 1986.

———. "Mothers on Trial: The Custodial Vulnerability of Women." *Feminism and Psychology: An International Journal*. Vol. 1, 1991.

———. "Re-examining Freud." *Psychology Today*. September 1989.

———. *Sacred Bond: The Legacy of Baby M*. New York: Times Books/Random House, 1988.

Curb, Rosemary and Nancy Manahan. *Lesbian Nuns: Breaking the Silence*. Tallahassee: Naiad Press, 1985.

Dworkin, Andrea. *Mercy*. New York: Four Walls Eight Windows, 1991.

Faludi, Susan. *Backlash: The Undeclared War against American Women*. New York: Crown, 1991.

Gilligan, Carol, Jane Victoria Ward, Jill McLean Taylor, and Betty Bardige. *Mapping the Moral Domain: A Contribution of Women's Thinking to Psychological Theory and Education*. Cambridge: Harvard University Press, 1988.

Gornick, Vivian. *Fierce Attachments: A Memoir*. New York: Farrar, Straus & Giroux, 1987.

Gray, Elizabeth Dodson., ed. *Sacred Dimensions of Women's Experience*. Wellesley, Massachusetts: Roundtable Press, 1988.

Harding, Sandra. *Whose Science? Whose Knowledge: Thinking from Women's Lives*. Ithaca, New York: Cornell University Press, 1991.

Hoffman, Merle. "Beyond the Laws of Men." On the Issues. Winter 1991.

———. "Know and Use Your Enemies." *On the Issues*. Vol. 13, 1989.

hooks, bell. *Talking back: Thinking Feminist, Thinking Black*. Boston: South End Press, 1989.

Jeffreys, Sheila. *The Spinster and Her Enemies: Feminism and Sexuality, 1880-1930*. London: Pandora, 1985.

Jones, Jacqueline. *Labor of Love, Labor of Sorrow: Black Women, Work, and the Family from Slavery to the Present*. New York: Basic Books, 1985.

Johnson, Buffie. *Lady of the Beasts: Ancient Images of the Goddess and Her Sacred Animals*. New York: Harper & Row, San Francisco, 1988.

Karlsen, Carol F. *The Devil in the Shape of a Woman: Witchcraft in Colonial New England*. New York: W.W. Norton, 1987.

Kaye/Kantrowitz, Melanie and Irena Klepfisz, eds. *The Tribe of Dina: A Jewish Women's Anthology*. Montpelier, Vermont: Sinister Wisdom Books, 1986. 初版出版于 1986 年。

Jones, Jacqueline. *Labor of Love, Labor of Sorrow: Black Women, Work and the Family from Slavery to the Present*. New York: Basic Books, 1985.

Lobel, Kerry, ed. *Naming the Violence: Speaking Out About Lesbian Battering*. The National Coalition Against Domestic Violence Lesbian Task Force. Seattle: Seal Press, 1986.

MacKinnon, Catharine A. *Feminism Unmodified: Discourses on Life and Law*. Cambridge: Harvard University Press, 1987.

———. *Toward a Feminist Theory of the State*. Cambridge: Harvard University Press, 1989.

Margolies, Eva. *The Best of Friends, The Worst of Enemies: Women's Hidden Power over Women*. New York: The Dial Press, 1985.

McAllister, Pam. *You Can't Kill the Spirit*. Philadelphia: New Society Publishers, 1988.

Miner, Valerie and Helen Longino, eds. *Competition: A Feminist Taboo?* New York: The Feminist Press, 1987.

Pogrebin, Letty Cottin. *Deborah, Golda and Me*. New York: Crown, 1991.

Raven, Arlene. *Crossing Over: Feminism and Art of Social Concerns*. Ann Arbor, Michigan: UMI Research Press, 1988.

Raymond, Janice G. *A Passion for Friends: Toward a Philosophy of Female*

Affection. Boston: Beacon Press, 1986.

Russ, Joanna. *Magic Mommas, Trembling Sisters, Puritans & Perverts: Feminist Essays*. Trumansberg, New York: The Crossing Press, 1985.

Sjoo, Monica and Barbara Mor. *The Great Cosmic Mother: Rediscovering the Religion of the Earth*. San Francisco: Harper & Row, 1987.

Spender, Dale. *For the Record*. London: The Women's Press Limited, 1985.

Walker, Barbara G. *The Skeptical Feminist: Discovering the Virgin, Mother and Crone*. San Francisco: Harper & Row, 1987.

Walker, Lenore, E. *Terrifying Love: Why Battered Women Kill and How Society Responds*. New York: Harper & Row, 1989.

Wittig, Monique. *Crossing the Acheron*. London: Peter Owen, 1987. 初版出版于 1985 年的法国。

Wolf, Naomi. *The Beauty Myth*. New York: William Morrow, 1991.

1992—1997 年出版的书目

Afkhami, Mahnaz. *Faith and Freedom: Women's Human Rights in the Muslim World*. Syracuse, New York: Syracuse University Press, 1995

Allison, Dorothy. *Skin: Talking About Sex, Class & Literature*. Ithaca, New York: Firebrand Books, 1994.

Antonelli, Judith, S. "Beyond Nostalgia: Rethinking the Goddess," *On the Issues*. Vol. 6, 1997.

Armstrong, Louise. "Who Stole Incest?" *On the Issues*. Fall 1994.

Bernikow, Louise. *American Woman's Almanac*. New York: Berkeley-Putnam, 1996.

Cantor, Aviva. *Jewish Women, Jewish Men: The Legacy of Patriarchy in Jewish Life*. San Francisco: Harper San Francisco, 1995.

Caplan, Paula J. *Lifting a Ton of Feathers: A Woman's Guide to Surviving in the Academic World*. Toronto: University of Toronto Press, 1992.

———. *They Say You're Crazy: How the World's Most Powerful Psychiatrists Decide Who Is Normal*. Reading, Massachusettes: Addison Wesley, 1995.

———. "Try Diagnosing Men's Mind Games Instead of Pathologizing Women." *On the Issues*. Winter 1997.

Carlip, Hillary. *Girl Power: Young Women Speak Out!* New York: Warner Books, 1995.

Chadwick, Whitney, and Isabelle de Courtivron. *Significant Others: Creativity*

& *Intimate Partnership*. London: Thames and Hudson, 1993.
Chesler, Ellen. *Woman of Valor: Margaret Sanger and the Birth Control Movement in America*. New York: Simon & Schuster, 1992.
Chesler, Phyllis. "Custody Determinations: Gender Bias in the Courts." Barbara Katz Rothman, ed. *Encyclopedia of Childbearing: Critical Perspectives*. Phoenix: Oryx Press, 1992.
———. "The Dead Man is Not on Trial." *On the Issues*. Winter 1994.
———. "A Double Standard for Murder?" *New York Times OP-ED*. 9 January 1992.
———. "Heroism is Our Only Alternative." A Response to a Retrospective on *Women and Madness*. *The Journal of Feminism and Psychology*. Vol. 4, May 1994.
———. "The Men's Auxiliary: Protecting the Rule of the Fathers." *Women Respond to the Men's Movement*. Kay Leigh Hagan, ed. San Francisco: Harper San Francisco, 1992.
———. *Patriarchy: Notes of an Expert Witness*. Monroe, Maine: Common Courage Press, 1994.
———. "Sexual Violence Against Women and a Woman's Right to Self-Defense: The Case of Aileen Carol Wuornos." *St. John's University Law Review*. Fall-Winter 1993 and *Criminal Practice Law Report*. Vol. 1, October 1993.
———. "The Shellshocked Woman." *New York Times Book Review*. 23 August 1992.
———. "What is Justice for a Rape Victim." *On the Issues*. Winter 1995.
———. "When a 'Bad' Woman Kills: The Trials of Aileen Wuornos." *On the Issues*. Summer 1992.
———. "When They Call You Crazy." *On the Issues*. Summer 1994.
Chesler, Phyllis, Rothblum, Esther D., and Ellen Cole, eds. *Feminist Foremothers in Women's Studies, Psychology, and Mental Health*. Binghamton, New York: The Haworth Press, 1995.
Copelon, Rhonda. "Surfacing Gender: Reconceptualizing Crimes Against Women in Time of War." *Mass Rape: The War Against Women in Bosnia-Herzegovina*. Alexandra Stiglymyer, ed. Lincoln and London: University of Nebraska Press, 1992.
Daly, Meg, ed. *Surface Tensions: Love, Sex, and Politics between Lesbians and Straight Women*. New York: Touchstone, 1996.
Derricotte, Toi. *The Black Notebook*. New York: W.W. Norton, 1997.
Dusky, Lorraine. *Still Unequal: The Shameful Truth about Women and Justice*

in America. New York: Crown Publishers, 1996.

Dutton, Donald G. and Susan K. Golant. *The Batterer: A Psychological Profile*. New York: Basic Books, 1995.

Dworkin, Andrea. *Letters from a War Zone*. Chicago: Lawerence Hill Books, 1993.

Estés, Clarissa Pinkola. *Women Who Run with the Wolves: Myths and Stories of the Wild Woman Archetype*. New York: Ballantine Books, 1992.

Findlen, Barbara, ed. *Listen Up. Voices from the Next Feminist Generation*. Seattle: Seal Press, 1995.

Freyd, Jennifer J. *Betrayal Trauma*. Cambridge: Harvard University Press, 1995.

Geller, Jeffrey L. and Maxine Harris. *Women of the Asylum: Voices from Behind the Walls 1840-1945*. New York: Bantam Doubleday Dell Publishing Group, 1994. 由 Phyllis Chesler 撰写导论。

Gordon, Linda. *Pitied But Not Entitled: Single Mothers and the History of Welfare*. Cambridge: Harvard University Press, 1994.

Herman, Judith Lewis. *Trauma and Recovery*. New York: Basic Books, 1992.

Hite, Shere. *Women as Revolutionary Agents of Change: The Hite Report and Beyond*. Wisconsin: The University of Wisconsin Press, 1993.

Hoffman, Merle. "Facing the Dragon: Reflections on Female Heroism." *On the Issues*. Winter 1997.

———. "Happiness and the Feminist Mind." *On the Issues*. Fall 1996.

———. "Praise the Lord and Kill the Doctor." *On the Issues*. Summer 1994.

Jeffreys, Sheila. *The Lesbian Heresy: A Feminist Perspective on the Lesbian Sexual Revolution*. Australia: Spinifex, 1993.

Kimmel, Michael S., and Thomas E. Mosmiller. *Against the Tide: Pro-Feminist Men in the United States 1776-1990*. Boston: Beacon Press, 1992.

Nestle, Joan, ed. *The Persistent Desire: A Butch-Femme Reader*. Boston: Alyson, 1992.

Orenstein, Peggy. *Schoolgirls: Young Women, Self-Esteem, and the Confidence Gap*. New York: Anchor Books, 1994.

Painter, Nell Irvin. *Sojourner Truth: A Life, A Symbol*. New York: WW Norton, 1996.

Pelka, Fred. "Raped: A Male Survivor Breaks His Silence." *On the Issues*. Spring 1992.

Penelope, Julia, ed. *Out of the Class Closet: Lesbians Speak*. Freedom, California.: The Crossing Press, 1994.

Pipher, Mary. *Reviving Ophelia: Saving the Selves of Adolescent Girls*. New York: Ballantine Books. 1994.

Pope, Kenneth S. "Scientific Research, Recovered Memory, and Context:

Seven Surprising Findings." *Women and Therapy*. Vol. 19, 1996.

Radford, Jill and Diana E. H. Russell, eds. *Femicide: The Politics of Woman Killing*. New York: Macmillan Publishing Co., 1992.

Raven, Arlene. "Judy Chicago: The Artist Critics Love to Hate." *On the Issues*. Vol. 3, 1994.

Rivers, Diana. *Daughters of the Great Star*. Boston: Lace Publications, 1992.

Russ, Joanna. *What Are We Fighting for? Sex, Race, Class, and the Future of Feminism*. New York: St. Martin's Press, 1997.

Sapinsley, Barbara. *The Private War of Mrs. Packard*. New York: Kodansha, 1995. 由 Phyllis Chesler 撰写导论。

Steinem, Gloria. *Moving Beyond Words*. New York: Simon & Schuster, 1994.

Stiglymyer, Alexandra, ed. "The Rapes in Bosnia-Herzegovina." *Mass Rape: The War Against Women in Bosnia-Herzegovina*. Lincoln and London: University of Nebraska Press, 1992.

Templin, Charlotte. *Feminism and the Politics of Literary Reputation: The Example of Erica Jong*. Lawrence, Kansas: University of Kansas Press, 1995.

Walker, Rebecca, ed. *To Be Real: Telling the Truth and Changing the Face of Feminism*. New York: Anchor Books, 1995.

Weiner, Kayla and Arinna Moon, eds. *Jewish Women Speak Out: Expanding the Boundaries Of Psychology*. Seattle: Canopy Press, 1995. 由 Phyllis Chesler 撰写前言。

Wood, Mary Elene. *The Writing on the Wall: Women's Autobiography and the Asylum*. Chicago: University of Illinois Press, 1994.

Young-Bruehl, Elisabeth. *The Anatomy of Prejudices*. Cambridge: Harvard University Press, 1996.

其他女性主义报纸、杂志和期刊

Calx
Chrysalis
Heresies
Matriarch's Way: Journal of Female Supremacy
Ms.
Off Our Backs
On the Issues
Signs
Sojourner